重庆文化研究 丁酉秋

Chongqing Cultural Research | 蔡武 题

《重庆文化研究》出版工作小组

主　任	张洪斌
副主任	江卫宁
主　编	张富伟　谭光龙　王发荣　刘德奉
	谭小兵　刘春泉
执行主编	刘德奉
编　委	黄剑武　王美木　周津菁　侯　路
	陶晓春　邹俊星

■ 重庆市文化艺术研究院　编

 西南师范大学出版社
国家一级出版社　全国百佳图书出版单位

图书在版编目（CIP）数据

重庆文化研究. 丁酉秋 / 重庆市文化艺术研究院编
. -- 重庆：西南师范大学出版社, 2017.10
　　ISBN 978-7-5621-9035-6

　　Ⅰ. ①重… Ⅱ. ①重… Ⅲ. ①地方文化－研究－重庆
－2017 Ⅳ. ①K297.19

中国版本图书馆CIP数据核字(2017)第250380号

重庆文化研究·丁酉秋
CHONGQING WENHUA YANJIU　DINGYOU QIU

重庆市文化艺术研究院　编

责任编辑：杜珍辉
书籍设计：杨　涵
排　　版：重庆大雅数码印刷有限公司·瞿　勤
出版发行：西南师范大学出版社
　　　　　地址：重庆市北碚区天生路2号
　　　　　邮编：400715
　　　　　网址：www.xscbs.com
　　　　　市场营销部电话：023-68868624
经　　销：新华书店
印　　刷：重庆紫石东南印务有限公司
开　　本：889mm×1194mm　1/16
印　　张：8.5
插　　页：11
字　　数：300千字
版　　次：2017年10月　第1版
印　　次：2017年10月　第1次印刷
书　　号：ISBN 978-7-5621-9035-6
定　　价：35.00元

拿与送

　　鲁迅先生有"拿来主义",季羡林先生有"送去主义"。这两个观点都十分正确,在吸收外来文化中我们要有"拿来主义"精神,在对外文化输出中我们要有"送去主义"态度。文化本身就是在拿来与送去中交流,在交流互动中发展。　美国人类学家罗伯特·路威在《文明与野蛮》中有一个观点:"我们的现代文明更是从四面八方东拼西凑起来的一件百衲衣。"可作此论例证。

　　但是,不同时期、不同国家情况不同,所强调的重点也有所不同。近来,中央和地方强调弘扬和传承中华优秀传统文化,并采取了一系列重要措施。正说明在文化交流中中华优秀传统文化成了当前和今后一个时期的重点。

　　中华优秀传统文化,是中华民族五千年文化结晶,其核心思想、传统美德、人文精神,生生不息,影响深远。但是,在世界文化如此多元、如此涤荡的今天,如何更好地将中华优秀传统文化,从历史的沉寂中拿出来,送给现代的人们,送到世界各地去,却是一个繁重而艰巨的任务。

　　我们讲拿,就是要像五四时期的文化先行者们那样,要有一种强烈的民族危机感,不学习西方先进文化,不用先进文化改造落后文化,我们在帝国主义坚船利炮面前就会被挨打。当今时代,世界文化平行传送,现代传播手段机遇均等,唯现代传播理念和传播意识决定传播效果。中国当今却在平行传播的世界里灌满了西方文化和现代意识的文化碎片。中国的、传统的、深层次的文化有些弱化。国学成了口号,典籍成了摆设,人们的头脑浮在云里,自以为时代骄子实却空空如也。如此者,影响中国一代,弘扬中华优秀传统文化迫在眉睫。

　　世界文化平行传播已经到了最好时代,手段快捷,观念开放,多元包容。中华优秀传统文化乃世界重要文化,然中华文化对外交流却仍处劣势,拿来的多,送去的少。被动吸收的多,主动输出的少。渐次从抵抗中接受,接受中认可,认可中言必称外来文化。对自己文化,从主动输出到被动介绍,从被动介绍到应付交流,从应付交流到信心不足,最终有的否定自己文化,甚至批评自己文化。这虽不是主流,却有此现象。如此者当止也。

　　拿也要有拿的方法,中华传统文化,优秀与糟粕并存,我们拿只能拿取优秀的、积极的、健康的,不能一股脑什么都拿。而现今社会有的却势利得很,什么值钱拿什么,什么有市场拿什么,什么有人气拿什么。不管其内容健康与否,不管其影响社会进步与否;也有的只是机械地拿,简单地重复,粗放型改造。不管今人能否接受,不管是否误导今人文化观念;也有的只拿给当今的中国人看,而忽视了他国人等,所以拿出来的东西别国人接受困难,传递也很有限。

　　所以,拿值得研究。

　　至于送的问题,仍是一个大学问。

　　首先是送给谁,有中国对象,有外国对象;有东方思维者,有西方思维者;有青少年,中青年,中老年;也有知识积淀丰厚者,也有对文化了解甚浅者;有普及宣传所需者,也有专业研究所需者。总之,应当考虑方方面面,多角度、多方位、多层次满足所送对象。文化是大众的共同需求,所以必须注重送的文化的覆盖性。

同时,我们还得注意如何送。佛教传入中国初期也并非那么容易,不仅有良好的姿态,还依附于鬼神方术,其目的是尽可能适应中国人的接受心理。600年前,在《利玛窦中国札记》中记载了这样一段文字:"基督教信仰的要义通过文字比通过口头更容易得到传播,因为中国人好读有任何新内容的书。也因为用象形文字所表达的中国著作具有特殊的力量而且表现力巨大。"其目的也是为了基督教更有效地在中国传播。这两则事例说明,文化传播需要研究被接受者心理,以其最适应方式让其积极认同。否则就会降低传播效应,甚至成为反面传播。

送还必须有良好态度,即必须主动地送。正如季羡林先生在《我们要奉行"送去主义"》中说:"你不来拿,我们就送去。"文化是流动的,但一般情况下是先进文化向落后文化,发达文化向欠发达文化流动,即高处向低处流动。否则,流动就不会产生推动作用。但也有某种情况,本身是积极的、向上的、先进的文化,一时间并未让社会所认识。那么,就得主动地送。如汉时印度把佛教送入中国,明清欧洲把西学送入中国。看似民间在送,其背后支撑的是强大的国家政府和强烈的送文化意识。

当然,我们必须强调,文化送出去绝不是文化扩张,更不是文化侵略,而是文化交流。交流的目的是让世界各国更加积极地了解中国文化,更加全面地认识中国文化,更加充分地吸收中国文化,更好地为世界文化发展做出积极贡献。

在此,我们就如何弘扬中华优秀传统文化进行了研究,探讨了一些问题,提出了一些意见,但限于篇幅,对问题的研究还相对有限,甚至有的还相对单一。敬请专家和读者批评,并广泛参与,共同为弘扬中华优秀传统文化贡献力量。

编 者

2017 年 8 月 4 日

目 录

巴渝文化

人物风采

文化记忆

艺文空间

文化资讯

立足国学教育弘扬传统文化
——专访西南大学文学院刘明华教授

刘明华近期照

本刊：中共中央办公厅、国务院办公厅发布的《关于实施中华优秀传统文化传承发展工程的意见》，提出把优秀传统文化贯穿国民教育始终、滋养文艺创作、融入生产生活。这在弘扬和复兴中国优秀传统文化上有何意义？

刘明华：以中央文件形式专题阐述中华优秀传统文化传承发展工作还是第一次。可以说，这是建设社会主义文化强国的重大战略任务，对于延续中华文脉、全面提升人民群众文化素养、维护国家文化安全、增强国家文化软实力、推进国家治理体系和治理能力现代化，具有重要意义。

这个可从两个方面来看。一是人民日益增长的文化需求的需要。改革开放以来，中国经济飞速发展，物质生活丰富，但人们却发现，个体的精神生活、精神境界、道德水平与社会和谐等方面并没有随着经济的发展而有所提升，相反，青少年中各种问题日益显现。其核心是因为人文素质不高，个人修养欠缺，在物欲横流的当下，精神缺少归依。而中华文化的优秀传统内容，可以起到纠偏补弊的作用。

二是文化强国的需要。中国经济的强势崛起，已让世界瞩目，但我们的文化却没有与我们的经济崛起匹配，文化竞争力和国家软实力还不够强大。而中国梦的实现，有多重指标，比如经济、军事、外交、政治等方面，而其中"软实力"是国家核心竞争力的一个重要因素。软实力的一个重要内容就是文化影响力。一个强国，经济必须是发达的、繁荣的，但经济总量第一，不一定就是强国。最能说明问题的，就是清朝，清政府GDP是世界第一，也照样挨打。在1984年，中英谈判香港回归，撒切尔夫人败在邓小平手下，铁娘子铩羽而归。回国后，她说了句狠话，说中国没有什么可怕的，他们只能输出电视机、电冰箱，他们不能输出思想。这是当年她对改革开放之初时中国的评价，足以见得，扩大思想文化影响力比单纯输出产品发展经济更重要。三十多年后，中国不仅仅输出家用电器，还输出了高铁等高科技产品，但中国文化也要影响世界。而要做到这些，必须要把优秀传统文化学习好、传承好。

三是世界和谐发展的需要。中国优秀传统文化中的天下大同、天人合一、道法自然的思想对于世界和谐发展具有重要的作用。习近平主席在2014年9月出席孔子诞辰纪念大会时发表了重要讲话，列举了当下人类面临的各种问题，而中华文化的智慧，是可以应对这些世界难题的。中国不但要为世界提供经济发展的方案，还要在世界文明的大合唱中发出中国声音。

本刊：如何理解中央推进种种举措增加文化自信，你认为该如何确立文化自信？

刘明华：中国自十九世纪以来，在文化上的表现多在二者间反复。要么全盘西化，要么闭关锁国。这都是文化自卑和落后的反映。

目前中央对传统文化重视，正在推进的种种措施，本身就是文化自信的表现。因为中华文化已经被证明还将继续被证明在世界文化发展中的价值和在世界进程中的重大作用。有自信才能有开放的胸怀。中国历史上，凡是盛世，都是气魄宏大，在思想文化上开放包容的。典型如汉唐，佛教是地道的外来文化，其出世的思想，与本国儒家文化的入世精神本不相容。但佛教自汉传入，到唐代就被中国化，产生了中国化的代表——"禅宗"，最后，儒佛共生，还与道教三教并立，成为中国文化核心内容之一。这是中国文化吸收外来文化的典型。在其他文化史上，罕有这样的案例。

我们提倡的社会主义核心价值观，就最大程度地吸纳了全世界先进文明的价值观。比如，民主自由平等，这些观念，在中国文化里是没有的。我们有民本思想，但毕竟不是民主思想。这本是西方文化的传统，资本主义革命时期成为主流价值观。马克思从人类解放的终极目标上又赋予了新的意义。中国传统文化更多提倡群体观念，讲究合和。除了个别思想家有相关学说，历代主流思想并不主张个人自由。而社会主义应该有这个内容，所以党中央就将其纳入，足见自信。

文化自信，首先是要国民对本民族文化有着深切了解，对中外文化的特点有正确的认识。吴宓先生自哈佛归国，就一直主张"昌明国粹，融化新知"，这是他们那一代学者在了解中西文化优长之后的非常突出的文化自信。他不赞成汉字简化，更反对拼音化，曾被视为文化保守主义，但几十年过去，回看吴先生对传统文化的诸多坚持，深感他是真正的文化自信。其自信足以对抗当时的政治潮流。最典型的是在二十世纪七十年代，吴先生不顾批斗甚至不惧罹祸，坚决只批林，不批孔，表现出强大的精神力量。梁漱溟先生在相同的时代背景下，在全国政协学习会上，表达"三军可夺帅也，匹夫不可夺志"之意，也坚决不批孔。一南一北，二位学者不约而同，均坚守自己对传统文化的信仰，均是典型的文化自信。而其自信，源自他们对中华文化的深刻理解和发自内心的认同和热爱。

所以，我力主，文化自信的教育，一定要通过国民教育完成。再具体地讲，在"贯穿国民教育始终"的全过程中，一定要抓住最重要的时段。最佳时间应是初中以前，最迟在高中阶段完成。大学和职业学院及成人教育，应是巩固和深化阶段。"文革"结束后，不少大学还在中文系之外的其他专业开设"大学语文"必修课，后来也渐渐取消。所以，我还建议，大学一年级应开设国学概论或国学传承相关的必修课。但最重要的时段应是中学。中学阶段的国学教育，决定着现代中国人的国学素养之高低。补齐短板，意味着国人素养的整体提升。而最佳载体，则是古典文学中的传世佳作。此时记住的作品，入脑入心，涵养成文化因子，一个中国人的精神谱系，可以从中形成。

通过国民教育确立文化自信，应是多渠道全方位开展相关工作。但最重要的途径，一是教育，二是文艺。对于中小学生来说，在基础教育阶段加强艺术教育，尤其是让他们了解直至热爱民族文化的精华——中国多种地方戏，至关重要。这是让学生了解民族历史文化，提高人文素养，实现美育育人的重要途径。任何一个民族，一种文化，在其历史发展进程中所创造的艺术，都是一个民族和一种文化的代表，是值得后代礼敬、了解和传扬的。而世界性的难题是，所有具有非物质文化遗产特点的民族和民间艺术，日渐消亡。因此，联合国加强了非物质文化遗产的保护。中国也在十多年前意识到问题的重要性，加强了保护和传承工作。但当下各级各类学生不看戏是普遍现象。可以肯定，我们的绝大多数学生，在校期间就没有看过一场戏剧。晚会类的节目，多是娱乐性的，艺术性不高，且多与传统文化无关。地方戏失去年轻观众，文化传承从何谈起！不知道不了解本民族的艺术，何来文化自信！近些年，文化部经常性开展高雅艺术进校园的活动，此举深受广大师生欢迎。学生在剧场看戏得到的审美感受，体会到的表演艺术，和通过影视看戏剧，是完全不同的观感，是不可相提并论的。

本刊：传统文化在现代基础教育中有何重要性？

刘明华：我可以结合近年的研究和思考谈谈这个问题。2015年，我主持完成了国家语委的一项重大科研课题"中华经典诵读教育与语文素质、语文教育、弘扬中华优秀传统文化相关研究"，我们做了这样几项相关性的工作，一是对国民的传统文化素养形成的来源的调研；二是对百年语文课堂选文的调查统计；三是精选了可以建构国人精神谱系的经典诗文；四是对学段的接受提出了推荐意见。

调研表明，百年来，国人的国学素养，绝大部分来自基础教育阶段。通观二十世纪，国民上大学的毛入学率，相对偏低。中华人民共和国前四十年，义务教育和高等教育发展也相对缓慢。近几十年来，发展快，变化大。但因为学科的原因，除文史哲三大学科外，大学生基本不再系统学习传统文化。即使是文史哲学科，如果不是中国古代文学、古代汉语、中国古代史和中国哲学史的专业研究生，学制上也不会开设传统文化的课程，学生绝大多数不会再投入时间精力学习传统文化。所以，对绝大多数国民而言，系统学习传统文化，主要渠道是中小学课程和课文，时间是中小学阶段。由此可见，基础教育决定着国民国学素养的短板。

中华人民共和国成立六十多年来，古典文学在课程设置和课文中的比例，一直呈下降趋势。近年在中央的高度重视下开始回升。仅从这一点，就可知中国民众对传统文化日渐产生隔膜而疏离的一个根本原因。因而，在相关学科的专业人员中，"文革"后就开始流行"（国学基础）一代不如一代"，即"六十岁不如七十岁，五十岁不如六十岁"的说法。

无论文理工医农，老一辈学者，包括一些大科学家，个个都熟悉重要的国学典籍，文史功底深厚。我的导师辈的学者，"四书"烂熟于心，讲课写作，可随手拈来。这次在研究中，发现老一辈的国学功底，并不完全是因自发的喜欢而奠定的，很大程度是学制决定的。晚清"癸卯学制"规定"《孝经》、四书、《礼记》节本为初等小学必读之经"，"《诗经》《书经》《易经》及《仪礼》之一篇为高等小学必读之经"，而中学则读"《春秋左传》及《周礼》两部"。我由此恍然大悟，以前一直认为大数学家苏步青能背《左传》，十分敬佩，惊讶他过人的记忆力，现在方才明白，这或许是他的课文决定的。当然，天赋和喜爱也不可缺少。我并不认为目前的中小学语文，一定要恢复到采用晚清或民国早期的某些"国文"课的教材（即全部都是古典文学），但可以肯定地讲，目前的中小学语文课文中的古典文学作品占比，对弘扬优秀传统文化的重大任务来讲，是不足以支撑的。而且，研究表明，我们这些年在课程设置和课文的作品入选量上，也严重低估了孩子的接受能力。这就造成了在整个大中华文化圈中，中国民众在国学素养上整体欠缺。一个很简单的事实是，如果让大陆在校的中文专业的本科生，试答台湾地区的高考语文卷，可能多数会感到很困难。不是大陆学生笨，或不愿意学，而是在我们的课文中，优秀的古典诗文篇目太少，学生学得太少，记得更少。所以，调整语文课文中的古典文学作品比例，增加传统文化教育内容在基础教育中的占比，是当务之急。

有一个实验更能说明问题。我在主持国家语委重大课题时，在重庆和四川的十余所中小学开展调研和实验。其结题成果为四卷本的《中华传家读本：经典诗词诵读》（中华书局2016年出版）。成都高新区某校一位老师在六年级试用，每天早读时让学生诵读，竟一学期背了诗歌卷百余首，新学期开始读散文卷。更让人惊喜的是，学生写的咏物诗像模像样，且班风大变，礼貌懂事，成绩整体上升。家长和教师高度肯定。而我们的预期是，能在初中阶段完成二卷，就不错了。可见现在的教材严重低估了学生的能力。

这次两办的文件，包括此前教育部已经出台的文件，已经明确要把弘扬中华优秀传统文化的任务全面体现在教育各阶段，贯穿国民教育始终。目前的教材已有相应变化。但国学传承是一个系统工程，仅仅增加古典文学作品还不够。"十八条"颁布后，很多社会培训机构非常敏锐，作出了快速反应，他们看到的是国学培训的商机。这又提醒我们，对传统文化的弘扬，是学校的责任，是教育的责任，是政府的责任，甚至可以说是教育的根本意义。国学教育、传统文化传承的主阵地应该在学校。如果真的让社会机构的课外培训班来主导国学教育,或成为学生补充国学知识的重要场所,虽然也是好事,但这一定是政府缺位。

在学校开展艺术教育,也是文化传承的重要内容。高雅艺术进校园的活动,文化部和教育部联手在推进,已开展多年,以大学为主要场所。但对于庞大的学生群体而言,只是杯水车薪,"远水"且"滴水",不解大众之渴。要解决根本问题,必须站在文化传承、文化自信、文化安全的角度来思考和推进,才能让民族文艺、高雅艺术进校园成为普惠式工程,成为学生的学习内容,成为校园生活的内容,成为文化自信教育的重要内容。

中央高度重视以戏曲为代表的民族艺术。中宣部在2015年召开全国戏曲工作座谈会,并出台文件要求全国各级学校,争取让学生在校期间每年看一场戏。这是让人振奋的决定。各地也认真研究,出台文件,落实中央的指示。但到目前为止,因为种种原因,似乎很难落到实处。可能最好的状况,也就是让学生看看录像而已。重庆市政府曾召开各部门联席会议,落实中宣部座谈会精神,出台了一个非常重要的文件——我认为如果落实应是全国领先——可惜最终因各校场地问题很难实施。

这个问题也侧面反映了文艺生产的供给侧改革的问题。学生想看戏,但看不到。演员也想演,但演不了。演一场亏一场。文艺改革,不能简单地把传统艺术推向市场,有的戏曲本来就是非物质文化遗产的内容,应该保护,应该让演员多演戏。但现状是想演的演不了,想看的看不到。

本刊:近几年,传统文化再一次受到重视,国学的复兴已然成为一种时尚与热潮,如今越来越多的家长选择让孩子研读国学经典,参与传统文化活动,从国学中汲取丰富的文化经验,并出现了"国学热",你如何看待这一现象?

刘明华:中国传统文化的价值观里有很多是放之四海而皆准的东西,儒家文化早就被世界各国,包括一些圣贤所崇拜,它的一些价值观念也是被西方文化认可的。我举个简单的例子,我们经常说"己所不欲,勿施于人",这个思想在法国几次写进宪法,法国人把它作为一个道德黄金律来肯定。这就是我们中国的传统文化对世界文明的贡献,所以我们作为中国人,尤其是当今的中国人,要好好把这一份遗产继承下来,传扬下去,这是我们当下应该做的,也是对以后世界文化的一个贡献。

在国学热的这股大潮中,各种利益需求也随之出现。各种教育培训机构良莠不齐。众声喧哗中,一些不和谐的声音也时有出现。从教育管理角度看,目前还缺少有效的管理。纷乱的培训名目让学生和家长无所适从。市场化的行为很容易将国学教育和培训导入误区。

对于学生和家长以及国学爱好者而言,可在选择各种培训时,留心一下各种机构的办学资质、师资情况、课程设置、收费标准,多做一些比较。这样可以避免被忽悠。而最重要的一点,是传统文化的学习和传承,是一件持久的事,应该是以读书为主,读好书,读好作品,多看多记。少年儿童应该在义务教育阶段多记作品,这才是最重要的,而不是上一个培训班,读几天所谓的经,以为这就是国学。不可能有什么培训班能让人上几天课就成为国学达人的。

传统本是鲜活的、有生命力的内容。只有本身有价值的、人们认可的、现实需要的、能经受检验并流传下来的,才可能构成传统,不然,就是过时的、该被历史淘汰的东西,比如女人缠足,男人强制蓄发这样的落后习俗。

传统文化要有生命力,必须完成现代化转型,以适应新时期、新社会、新生活的需要。传统文化的现代化并非是文化的倒退,而恰恰是文化进步的重要表现。中国文化历来就具有强大的"日新"精神,反对盲目固守和一味复古。就中国文化的历史发展形态而言,历朝历代也都在不断地实现文化"现代性"的问题,比如孔孟对原始儒学的发展,经学中一代代人结合当代对前朝典籍的"注、书、释",都体现了这种精神。中国优秀传统文化本身就具有现代性的特质,关键是如何"创造性转化、创新性发展"。

　　传统文化的传承,不仅仅包括学古诗词、读传统经典著作,还有众多内容,尤其包括在生活中的传承。文化本来就蕴含在日常生活之中,所谓"洒扫应对"就是这个意思。没有离开生活之外的文化,读书也仅仅是生活的一部分。具体而言,传统文化中的诸多形态其本身就是生活。如孝悌忠信、礼义廉耻、勤俭节约、感恩自然等思想本身就体现在生活、生产的各个细节之中。我们在学习传统文化时,一定要注意将典籍思想落实到生活、生产的实际,这是学习中国传统文化的一个重点特点。中国文化历代重视"实务",躬身实践。

　　本刊:重庆国学院由重庆市政府主办,市教委主管,西南大学承办,可以说它的成立在国学教育的体制建设上具有创新意义。请介绍一下国学院的基本情况,为什么重庆的国学文化相关工作会走在全国前列呢?

　　刘明华:正是政府对国学这一块工作的高度重视,才有了这么一个创新之举,正如你刚才讲的,重庆国学院在全国众多国学院里,包括地方国学院,是很独特的,有几个原因。

　　第一,它是政府举办的国学院。第二,以西南大学为基础整合全重庆市的学术力量,包括国内的顶级专家来组建国学院。成立的时候,我们请了"985"大学各个学科的带头人40多位到重庆来参加庆典和会议,并组建了学术委员会。这个事情得到了国内众多专家的支持,因此一下子在组织建构上、师资队伍上比较靠前。重庆国学院的成立得到了外界的高度关注,有一家很重要的媒体把重庆国学院的成立作为重庆一个重要的文化动向在加以描述,我觉得他们非常敏锐,他们捕捉到了市委市政府在文化建设方面的一个重要动向——部署"文化强市"战略。文化强市有很多举措、很多内容要跟进。国学院还有一个重要的工作,就是要对重庆的历史文化进行研究。市政府对重庆国学院有几大定位:研究、教育、培训、推广,全方位地把国学做好,从这方面来支持文化强市工作。国学分布在各个学科,现在我们把各个学科的力量整合起来,就可以在政府的支持下,在学界的支持下做一些重要的工作,这和以前单兵作战不一样。这几年开展的工作,已在跨学校跨专业的国学辅修专业教学、国学经典诵读写的全国骨干教师培训、公益方面的国学大讲堂、国学免费课堂等方面形成了特色。

访谈人物简介:

　　刘明华,西南大学教授,博士,博士生导师,博士后合作导师,中国古代文学博士点学术带头人。

　　历任西南师大中文系主任、西南大学文学院院长、重庆市文广局副局长、重庆文化艺术职业学院院长、重庆市文化委副主任、巡视员。第十届全国人大代表,第十一届全国政协委员,第二届重庆市人大常委、民盟中央常委、民盟重庆市委副主委等。

　　现任重庆国学院院长,重庆市政协常委,重庆市人民政府参事,重庆市文化委舞台艺术专家委员会主任。中国杜甫学会副会长,中国唐代文学学会常务理事。

　　主持国家社科基金、国家语委重大项目、教育部社科项目等十余项。在《文学评论》《文学遗产》《文艺研究》《读书》《人民日报》《光明日报》等发表论文百余篇,在中华书局、人民出版社、上海文艺出版社、重庆出版社等出版专著十余部。代表作有《杜甫研究论集》《唐代文学与思想文化论集》《中华传家读本:经典古文诵读》等。教学科研成果多次获省级部奖。2001年获国务院政府特殊津贴,2011年获国家人社部等部门表彰,获全国"为全面建设小康社会作贡献先进个人"。

　　近年致力于国学教育与传播,中华经典诵读等工作。

新供给主义经济学常态下优秀传统文化的传承与发展

侯路

（重庆市文化艺术研究院,重庆市渝中区,400013）

【摘要】如何将优秀传统文化与当下融合起来,也就是学界提出的"当代转换",优秀传统文化具有多方面的文化价值和属性,不同的文化价值和属性的转换有着不同的方式。本文针对优秀传统文化的文化价值与经济属性,就目前供给侧结构性改革的大环境下的文化传承与发展进行了讨论。并提出了优秀传统文化的文化价值向文化产业转换可以采用理清文化资源,提供有效供给源,采用生产性保护等措施,实现与文化市场相对接的目的,在新供给主义经济学常态下,形成新的产业链和产业生态,以激活优秀传统文化的自我造血功能,最终达到优秀传统文化传承与发展的良性循环的终极目标。

【关键词】新供给主义经济学;优秀传统文化;传承;发展

文化是民族的血脉,是人民的精神家园。文化的流变性和传承性,使得优秀的传统文化得以传承下来。当下,我国正在实施供给侧结构性改革措施,旨在从供给侧方面刺激我国的经济发展。供给侧改革主要依据是新供给主义经济学原理,该原理将新供给经济周期分为:新供给形成阶段、供给扩张阶段、供给成熟阶段、供给老化阶段。[1]在众多资源中,优秀传统文化可视为一个较为重要的经济资源,在传承与发展的过程中,将形成一个重要的经济供给源。同时,也是优秀传统文化经济属性和文化价值的当代转化。现如今,随着经济社会的发展,人们对于享受文化的权益要求越来越高,因此,优秀传统文化在传承和发展过程中,需要与当代融合,充分发挥文化的各种属性,激发文化的自我造血功能,为国民生产总值增加提供支撑。2017年1月,中共中央办公厅、国务院办公厅联合印发了《关于实施中华优秀传统文化传承发展工程的意见》（以下简称《意见》）,该《意见》明确制定了实施中华优秀传统文化传承发展工程的各项工作任务和重点项目。目的就是要将优秀传统文化的传承与当代相结合,将优秀传统文化的保护与传承通过产业发展道路,来激发文化的自我造血功能,促进文化自我传承的良性循环。且该意见将中华优秀传统文化传承发展提高到国家战略高度,并指明了今后的发展方向和奋斗目标,充分体现了传承和发展优秀传统文化的重要性、紧迫性和现实意义。

一、优秀传统文化资源的供给源转换:理清优秀传统文化资源

不是所有的文化资源都具有文化价值转向经济价值的可能,那么,要实现优秀传统文化的文化价值的经济转化,就必须在当下的经济环境下着手,挖掘和整理出所有优秀传统文化资源,并加以分析和研究,发

掘优秀传统文化的经济属性,经过市场的刺激,加大生产力度,形成有效的供给源。理清优秀传统文化资源,阐发文化精髓,深入研究和阐释优秀传统文化的历史渊源、发展脉络、基本走向等相关发展和传承的规律,以及其在各个时期是如何满足当时的文化市场需求的,以寻找历史经验,才能在文化价值向经济价值转换过程中,寻得与当下适合的创新方式或方法。因此,在《意见》中的第八条明确提出的重点任务"实施中华文化资源普查工程,构建准确权威、开放共享的中华文化资源公共数据平台",是实施优秀传统文化传承与发展的最基础性工作,是实施一切措施的源头。因此,该《意见》在确定了这项重点工作任务之后,在一定时期之后,要根据此项工作任务形成各级文化行政主管部门的常规性工作,将优秀传统文化资源的普查形成一个常态性工作。这个常态性工作也是优秀传统文化发展和传承形成良性循环的基础。

理清优秀传统文化资源的同时,还应该充分了解两个不同时代的文化生态,可以说这个文化生态是滋养该文化资源产生、发展乃至生存的"土壤"。重庆有一项优秀传统文化资源——川江号子,该文化资源源自当时人类的生产生活方式。重庆地处长江上游,以前靠航运为生。过去没有机械等动力源,船的滑行全部靠船工拉纤,船工为了统一发号施令和缓解疲劳,形成了劳动号子。然而,现如今,随着科技的发展,长江航运上已不需要纤夫了,也就是产生该项文化资源的生态已经发生了变化,现在的长江边上已听不到川江号子了。但是,该项目的文化价值已存在,同时也被众多的音乐创作者吸收,而且还将该项目搬上了舞台,通过项目持有者的创作和创新,与当下进行了结合,在舞台上演出已取得了成功,并成为宣传和展示重庆优秀传统文化的必点项。在实施优秀传统文化走出去的战略中,该项目持有者同样能够依靠创作和创新,让该项目走上音乐的舞台,从而产生经济价值,而且项目持有者也能通过演出养活一个演出团队。这个例子说明了,在两个不同时代的文化生态环境下,已被当下文化生态所摒弃的文化资源,只要能够找到与当下文化生态或文化市场的切合点,依然能够将其文化价值向经济价值进行转换。

二、经济价值的当代转换:生产性保护促传承与发展

促进优秀传统文化的经济价值转换,作者引用了一个重要的保护措施——生产性保护,生产性保护来源于非物质文化遗产保护措施,《文化部关于加强非物质文化遗产生产性保护的指导意见》中为非物质文化遗产生产性保护做了定义:非物质文化遗产生产性保护是指在具有生产性质的实践过程中,以保持非物质文化遗产的真实性、整体性和传承性为核心,以有效传承非物质文化遗产技艺为前提,借助生产、流通、销售等手段,将非物质文化遗产及其资源转化为文化产品的保护方式。而非物质文化遗产作为优秀传统文化的一个重要内容,能够在生产性保护的基础上,有效地激发非物质文化遗产项目自身的活力,濒危的项目出现了生机,有力促进文化遗产保护与社会经济的和谐发展。所以,基于这些方面,作者引用了该项保护措施用于优秀传统文化的传承与发展,并将其定义为:在保持优秀传统文化精髓的基础上,通过借助生产、流通、销售等手段,将优秀传统文化资源有文化价值的文化产品向文化市场的经济价值转换。

采用生产性保护对于优秀传统文化的传承和发展有着重要的意义:一是能够增强优秀传统文化持有者的传承能力。传承是优秀传统文化流传的重要特性,生产性保护是在保持优秀传统文化本真性的基础上,利用扩大生产等保护方式,产生经济效益,很大程度上刺激了文化资源持有者生产的积极性,当持有者一人无法满足市场需求时,就会采用授徒的方式招工,进而促进了文化资源的广泛传承,更提高了文化资源持有者的传承能力。二是丰富了优秀传统文化的传承方式或者模式。众所周知,传统的传承模式主要是师徒传承、自然传承,而开展生产性保护,能够大大增加优秀传统文化的经济价值,提高了文化资源持有者的经济收入,那么,他就更有激情开展传承活动,当生产扩大到一定规模时,他有可能在项目的各个程序上进行单

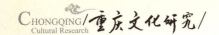

一传承,从而出现了类似生产线的传承现象,久而久之,就形成了在生产链上的链条式传承方式或模式,或也可称为"流水线传承模式"。[2]三是能促进文化资源的良性发展,恢复文化资源本身的自我造血功能。文化资源体现的文化价值及文化附加值通过生产性保护将得到前所未有的发掘,使得一些具有经济价值的文化资源市场前景日益广阔,进而发展形成文化产业链,成为当地经济社会发展的支柱性产业,如:重庆市荣昌区的陶器、折扇和夏布等优秀传统文化,在开展生产性保护以来,每年的创汇收入能上亿元,进而成为荣昌区的支柱性产业。四是生产性保护还能破解无人继承的难题。当优秀传统文化的经济价值得到开发,有了经济效益,自然就能吸引众多的传承人向文化资源的持有者学习、继承,从而能很大程度上破解无人继承的难题。

三、文化价值与文化市场对接:文化市场需求的提升

前文讨论了优秀传统文化的供给源和供给措施,为了保障这些供给源成为有效供给,还需要从市场的需求方面进行讨论。在文化市场中,供给和需求是不可或缺的两个重要因素,有供给无需求,即是无效供给;有需求无供给,即市场缺供给。优秀传统文化开展生产性保护,通过对优秀传统文化资源的创新,产生的文化产品和文化衍生品,作为新的供给源投放到市场上,就需要一个有效的需求端来消化这部分产品。目前,我国正处于高速发展的过程中,随着我国科技水平的不断提高,人民的精神生活水平也在相应提升,而且需求端的文化生态水平也在不断提升。文化市场呈现的需求也正在从原来较为单一、低端的文化产品类型向高品质、高质量、高体验价值的文化产品和文化类型转变,且具有较强的精品化和个性化特点,并呈现出了文化需求的多样性。当下,与我国的国民经济总量相比较而言,我国文化产业产生的经济体量总体较小,从新供给主义经济学理论来看,我国的文化产业正处于新供给的形成阶段。虽然,我国文化产业产生的经济体量较小,但是文化需求却不小。从需求方面来看,按照国际经验,人均GDP接近或超过5000美元时,将出现文化消费"井喷"现象。[3]2016年,我国人均GDP达到了8866美元,远超过了5000美元,符合文化消费出现"井喷"现象的条件。按照基本需求和井喷的比例测算,我国在文化需求方面应该产生5万亿元左右的文化消费需求,然而,我国却只有1万亿元的实际文化消费,从需求侧来看,就出现了近4万亿元的需求缺口。也就是说需求已经占有较大的份额,只是供给尚未跟上需求的步伐。我国在文化需求上出现了较大的缺口,从文化市场的角度来看,已出现了供不应求的局面;从供给侧的角度来看,供给源还远远不能满足文化市场的需求。这两个方面的显现,符合新供给主义经济学理论下的新供给形成阶段的特征、特点。即是说在优秀传统文化的生产性扩充方面,在适应当下文化生态环境下,应该大张旗鼓地扩张生产,创新性地开发满足当下人们急需的文化产品,来填补上供给的缺口。

从单一的优秀传统文化资源扩充,到文化价值向经济价值转换的优秀传统文化集群式的扩充,从产生新的供给源,到形成新的供给链,这一过程将逐步产生集群式的供给链和产业,从而形成新的文化产业生态,来充实和扩展我们的文化市场,以达到逐步刺激文化市场发展和文化需求提升的目的,形成一个良性循环的文化产业新生态。

四、文化与经济价值的均衡对接:文化市场的供需平衡

合理利用优秀传统文化,开展优秀传统文化的生产性保护,促使优秀传统文化的文化价值向文化市场经济价值的当代转换,使得文化市场的供给源更加丰富,在加大扩张力度的同时,催生出更多的供给源,从而在文化市场上形成一个新的产业链和文化产业生态,从新供给主义经济理论来说,就形成了以优秀传统

文化为主的新的供给。当然,这些新的供给产生也不是盲目或茫然的,而是在适应了当下新的文化生态和新的文化环境下产生的,是以满足当下文化市场上新的文化需求为基础的,其更好地填补了文化市场上的供给缺口。新的供给产生之后,会更进一步刺激和优化文化市场,同时,为了迎合当下文化需求侧的要求,在供给侧的生产上,用文化资源的本源进行创新,来不断满足文化市场上的新需求。从文化市场的需求面来看,有了满足需求的新供给产生,更高需求的"质"和"量"又会反过来刺激供给侧对产品新需求的改进。

在新供给产生过程中,不能忽略需求者正在向更高质量、更高品质的文化需求进行转移,所以,在新供给产生的过程中,要时刻注意掌握文化市场上的需求侧的相关诉求变化动向,时刻迎合需求动向的变化,做出相应的改进和改变,才能将有效供给做得更加充分,发挥效能。这样做可以延长供给侧的供给周期,有效消化新供给。从需求的角度来说,文化消费是需求和供给的风向标,在供给侧方面可以通过文化消费来了解市场上优秀传统文化的供给门类、供给产品的新方向等相关信息,从而改进和调整优秀传统文化的供给源和供给品等;在需求侧方面可以通过文化消费了解到文化市场上对优秀传统文化的真正需求,需求的新动向和新变化等相关信息。通过文化消费透露供给侧和需求侧两方面的信息,供给侧需要根据需求侧反映的信息,进行调整和改进;而需求侧会根据供给侧的新动向进行提升,同时也会受到新供给的不断刺激,使需求的诉求更加丰富。通过文化消费在供给和需求之间的调剂,在新形成的优秀传统文化产业供给链和产业生态之间,寻求一个新文化生态、文化市场上供给与需求的新平衡点,并进行均衡发展和传承,正如该《意见》第十二条中指出的需要注重优秀传统文化的供给与需求结合。

五、结语

优秀传统文化的文化价值向经济价值的当下转换,在适应当下社会文化环境的基础上,与我国供给侧结构性改革的背景相统一,通过对有益于优秀传统文化的文化价值和经济价值的生产性保护,形成一系列的新的供给源、供给链、产业链和新的文化产业生态,来调剂和刺激新的文化生态,进而促进了优秀传统文化自身价值的转换,激活其自我造血功能,形成优秀传统文化发展与传承的良性循环。它们可产生更多的经济价值和文化产业增加值,并发展成为当下国民经济的重要支柱性产业,为我国十三五期间将文化产业发展成为国民经济的重要支撑点做出重大贡献。同时,优秀传统文化新供给的产生,对文化市场也具备调剂和优化等作用,使得其在当下的文化生态环境中,有更强的生命力,能更好地适应当下的人文环境,能体现出文化的包容性。

参考文献:

[1]滕泰,范必,等.供给侧改革[M].北京:东方出版社,2016.

[2]侯路,谭小兵.论非物质文化遗产保护方式与传承模式的构建——以渝东南为例[J].内蒙古艺术,2016(2):89-91.

[3]王离湘.供给侧结构性改革条件下文化创新理论与探索——深入学习习近平总书记供给侧结构性改革重要论述的体会[J].大舞台,2016(2):4-9.

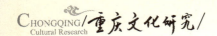

提升文化自觉，引领文化自信
——谈谈中华优秀传统文化传承发展工程中文化工作者的职责与素养

魏锦

（重庆市文化艺术研究院，重庆市渝中区，400013）

【摘要】《关于实施中华优秀传统文化传承发展工程的意见》多次强调了文化自觉与文化自信的重要意义。从逻辑顺序上来说，文化自觉是文化自信的前提和基础。文化工作者的文化自觉是全民文化自信的重要基础。文化工作者要以深刻的文化自觉将传统文化带入人们的当代生活，唤起民众的文化记忆与文化认同，激发传统文化的当代活力，提升民众的文化自觉，从而实现全民的文化自信。

【关键词】文化自觉；文化自信；文化工作者

2017年1月25日，中央办公厅、国务院办公厅印发了《关于实施中华优秀传统文化传承发展工程的意见》（以下简称《意见》）。这是中华人民共和国成立以来第一个专题阐述中华优秀传统文化传承和发展工作的中央文件，同时用重大工程的方式来推进，也使《意见》本身成为一个理论与实践并重的行动纲领。对于文化工作者而言，《意见》高度概括了中华优秀传统文化的主要内容，明确提出了对待传统文化的基本态度和重点任务，这不仅体现了党和政府对中华民族文化传承发展的高度重视，也为广大文化工作者提出了一个较长时期内的工作任务与工作要求。我们认为，文化工作者也必须不断加强对中华传统文化的学习认知，提高自身的文化素养，提升自身的文化自觉，这样才能在中华优秀传统文化传承发展工程中不走弯路，为实现全民文化自信发挥基础性引领作用。

一、文化自觉是文化自信的逻辑起点与前提

《意见》开宗明义指出"文化是民族的血脉，是人民的精神家园"，并多次强调了文化自觉与文化自信的重要意义。从我国社会发展所面临的现实来看，"随着我国经济社会深刻变革、对外开放日益扩大、互联网技术和新媒体快速发展，各种思想文化交流交融交锋更加频繁，迫切需要深化对中华优秀传统文化重要性的认识，进一步增强文化自觉和文化自信"。从逻辑顺序上来说，文化自觉是文化自信的前提和基础。从其主要内涵来看，文化自觉是一个民族、一个政党在文化上的觉悟和觉醒，包括对文化在历史进步中地位作用的深刻认识，对文化发展规律的正确把握，对发展文化历史责任的主动担当。文化自信是一个国家、一个民族、一个政党对自身文化价值的充分肯定，对自身文化生命力的坚定信念。[①]前者强调一种文化认识论，后者

---

① 云杉.文化自觉 文化自信 文化自强——对繁荣发展中国特色社会主义文化的思考（中）[J].红旗文稿,2010,（16）:4-8.

肯定一种文化价值观及其重要力量。正如《意见》中所阐明的："文化自信是更基本、更深层、更持久的力量。"

"文化自觉"的概念最早由费孝通先生在1997年的北京大学第二届社会文化人类学高级研讨班的会议上提出。当时，费孝通先生说："这四个字正表达了当前思想界对经济全球化的反应，是人们希望了解为什么世界各地在多种文化接触中会引起人类心态发生变化的迫切要求。人类发展到现在已开始要知道我们各民族的文化是哪里来的？是怎样形成的？它的实质是什么？它将把人类带到哪里去？"[①]也就是说，费先生提出文化自觉的核心就是要认识清楚文化的来源、实质及其发展走向。后来在《反思·对话·文化自觉》一文中，费孝通对"文化自觉"的涵义再次进行了深入阐述："文化自觉是指生活在一定文化中的人对其文化有'自知之明'，明白它的来历，形成过程，所具有的特色和它的发展趋向，不带任何'文化回归'的意思。"[②]正如费先生本人所说："我在提出'文化自觉'时，并非从东西文化的比较中，看到了中国文化有什么危机，而是在对少数民族的实地研究中首先接触到了这个问题。"[③]费先生思考的是中国10万人口以下的"人口较少民族"，在社会的大变动中，特别是跨入信息社会后，文化变得那么快，他们的自身文化如何保存下去的问题，并且认为他们只有从文化转型上求生路，要善于发挥传统文化的特长，求得民族的生存与发展。

那么如何发挥传统文化的特长、实现文化转型或者文化的创新发展？这就首先得依靠人对自身文化的"自知之明"，即文化自觉。这种文化自觉一方面依靠对自身文化传统的熟悉与了解，另一方面也来自对"他者"文化的学习与比较，在比较中反观自身文化，才能更清晰地看到传统文化的优势与劣势、价值与危机，才能更准确地判断出传统文化的核心价值与当代意义，也才能明确自身文化在多元文化中的位置，取长补短，吸收融合，在对传统文化创新发展与文化转型中具备自主能力。

经济全球化、信息技术飞速发展、文化多样性受到严峻冲击，这都极大影响着人们对传统文化的认识与判断，因此文化自觉是一个艰巨的过程。然而，只有经历这样的文化自觉，才能让我们的文化自信来得更有依据、更有底气。否则，文化自信就容易陷入盲目自大与文化自负。事实上，大到民族国家，小到持有文化传统的个人，都是如此。川剧艺术家沈铁梅、田蔓莎等人在谈及自己的艺术成就时，无不强调了她们对传统川剧唱腔、表演程式的学习与尊崇，在旁人看来属于她们的发展创新之处，却并非由她们凭空创造，而恰恰是她们在大量学习继承和充分理解传统的基础上巧妙地吸收化用，从而形成自身独特的艺术风格。因而她们对于川剧艺术充满了由衷的热爱与自豪。这就是她们基于文化自觉的文化自信。习近平总书记在文艺工作座谈会上，明确地提出了文化自信的问题。他说："为什么中华民族能够在几千年的历史长河中生生不息、薪火相传、顽强发展呢？很重要的一个原因就是中华民族有一脉相承的精神追求、精神特质、精神脉络""中华优秀传统文化是中华民族的精神命脉，是涵养社会主义核心价值观的重要源泉，也是我们在世界文化激荡中站稳脚跟的坚实根基。"这是一个领导人、一个政党基于充分的文化自觉而形成的文化自信。

二、文化工作者的文化自觉是全民文化自信的重要基础

文化工作者担负着践行文化方针政策、推动文化事业发展、引领全民文化生活的责任。同样在实施中华优秀传统文化传承发展工程中，广大文化工作者也是主要的推动力量。《意见》在"组织设施和保障措施"部分特别强调，各类文化单位机构、各级文化阵地平台，都要担负起守护、传播和弘扬中华优秀传统文化的职责。

---

①费孝通.全球化与文化自觉——费孝通晚年文选[M].方李莉,编.北京：外语教学与研究出版社,2013:46.
②费孝通.文化与文化自觉[M]. 北京：群言出版社,2010:195.
③费孝通.文化与文化自觉[M]. 北京：群言出版社,2010:402,403.

从《意见》所提出的重点任务来看，文化工作者在深入阐发文化精髓、贯穿国民教育始终、保护传承文化遗产、滋养文艺创作、融入生产生活、加大宣传教育力度、推动中外文化交流互鉴等诸多方面，都需要承担责任、发挥应有的作用。比如地方史志编纂工作，各地及整个中华文化、文化史的研究工作，文化遗产的保存、保护工作，推进高雅艺术、传统体育等进校园，把中华优秀传统文化的有益思想、艺术价值与时代特点和要求相结合创作出底蕴深厚、涵育人心的优秀文艺作品，把中华优秀传统文化内涵更好更多地融入生产生活各方面，比如实施中华老字号保护发展工程、中国传统节日振兴工程、中华节庆礼仪服装服饰计划，把传统体育项目纳入全民健身工程，把自强不息、敬业乐群、扶危济困、见义勇为、孝老爱亲等优秀传统文化思想理念体现在社会规范中，推动戏曲、民乐、医药、武术、中国节日等中华传统文化代表性项目走出去，等等。可以看出，这些任务的实现，对内可以极大提升国民的文化自信，增强民众的文化认同、民族认同、国家认同，对外可以传播中华文化，展示中国文化强国的形象。

这些重点任务中的许多工作也是我们目前正在做和今后很长一个时期需要不断深入去做的。而要做好这些工作，完成好这些任务，则需要广大文化工作者对我们的传统文化有足够清晰的认识。不仅是笼统地认识到文化是我们民族精神的血脉、是我们的根，更重要的是要对传统文化的各个方面能做到脉络清晰的把握和深入而自省式的认识，要能够对我们所记录、研究、保护、传承、传播和融入生产生活的传统文化有理性的分析和判断，明白对不同的传统文化，应以不同的方式实现其传承与发展；明白面向不同的人群，应以不同的文化载体传递其精神内核；明白在不同的地域，应以不同的文化内容去增强人们的文化认同。这些是文化工作者在中华优秀传统文化传承发展中应具备的素养，是文化工作者的文化自觉。

文化工作者应该对中华传统文化有比普通民众更清晰和深刻的认识。文化工作者的文化自觉决定了其对待传统文化的态度与其保护传承传统文化的思路和方式，因此也极大影响着民众对传统文化的接受与传承。我们的传统文化多数诞生于社会文化形态较为封闭的农耕时代，在全球化、信息化浪潮的冲击下，文化冲突与文化融合日益加剧，外来文化大规模地冲进我们的生活，传统文化不可避免地遭遇时代的局限和难以逾越的发展瓶颈，在民众的生活里被逐渐淡忘。文化工作者正是要以深刻的文化自觉将传统文化带入人们的当代生活，唤起民众的文化记忆与文化认同，激发传统文化的当代活力，提升民众的文化自觉，从而实现全民的文化自信。如同习近平总书记在会见全国优秀县委书记时强调，要做政治上的明白人。对于文化工作者而言，则是要做文化上的明白人。对于传统文化，既不可妄自菲薄，也不可妄自尊大，在引领全民文化自信中体现出文化工作者熠熠闪光的工作价值。

编者按：

黄宾虹是中国现代颇受关注的国画大家。近期，艺术界对黄宾虹作品天价拍卖事件热议不止，业内有着众多不同的看法，此事折射出怎样的社会问题和艺术现象呢？本刊邀请了两位艺术批评家对此现象做出深入的探讨和剖析，供广大艺术工作者和爱好者参考学习。

黄宾虹艺术的低估是时代标准问题

黄剑武

（重庆市文化艺术研究院，重庆渝中，400013）

近日，2017年嘉德春拍"大观–中国书画珍品之夜·近现代"专场，黄宾虹的《黄山汤口》以3.45亿的天价落槌，创下亚洲单场艺术品拍卖纪录，成为近一段时间艺术圈的热点。以前拍卖价格一直都偏低的黄宾虹作品被热捧，引来艺术界内外各个层面的热议。大家关注的焦点是：黄宾虹受时代的局限，其艺术高度和作品价值被低估了。那对黄宾虹作品的低估是不是时代造成的呢？

黄宾虹（1865–1955年）从艺经历大致可以分为几个阶段：他在1907年后在上海居住近三十年。前二十年，主要在报社书局任职，从事新闻与美术编辑工作，后任上海各艺术学校的教授。此时的黄宾虹，处于中青年时期，处于绘画的学习和探索期，其绘画未能形成个人面貌，故鲜有名声。黄宾虹曾自云："我过去有一个时期，大约五六十岁之前，多半是师法古人，从书本里学；近三四十年才师法造化，到各地跑跑。"

1937年由上海迁居到北平，被聘为故宫古物鉴定委员，兼任国画研究院导师，及北平艺专教授。1948年返回杭州，任国立杭州艺专教授。此一时期，才是他开始对景写生，师法造化，独辟蹊径之时期，尤其是对笔墨的顿悟和升华，逐渐形成了"黑、密、厚、重"的绘画语言之画风。此时他的画论来源于绘画实践，也见解独特，超越了传统绘画规范。他热衷于写生，曾游历过四川峨眉、青城，南下两广、云贵，西到秦岭、华山，东临泰岱，东南到庐山、武夷山和富春、天台、雁荡诸山。他最喜欢写生黄山，几十年间曾上下黄山十多回。而且每次上山都要小住，少则几十日，多则累月经年，并自号为"黄山山中人"。

时代的标准主要来自三个方面。一是艺术本体的审美标准。五四运动之后，中国当时的绘画主要是对西方的学习和借鉴，中西融合和中国画改良是主要的艺术方向，但传统的国画的研究依然还在继续。中国近代的绘画，受中国传统哲学的影响较大，如庄学和禅学。这类风格作品被认为是最高层次的追求，古代的逸品便普遍被认为是艺术最高的层次。故而，带有中国庄学和禅意意味的齐白石比黄宾虹要"幸运"，也成为时代的宠儿。黄宾虹的探索和成就在两个方面都不合当时的审美标准，难以被美术界关注和认可。

二是历史选择。1937年后，黄宾虹由上海迁居到北平，深居简出。而此一时期，正值抗日战争全面爆发,全国人民正经受一场艰苦卓绝的漫长的抗战历程,时局极需要绘画和艺术的文化宣传,鼓舞士气,文学艺术成了抗战和解放战争的有力武器。如徐悲鸿的历史题材、主题绘画和鲁迅的带有抨击性的文学作品,是历史的选择,也是人民的选择。黄宾虹这种深居简出的生活状态和作品主题,不合历史的发展潮流,自然不会成为革命战争年代的艺术焦点,这与时代需求有关。

三是个人的价值取向。黄宾虹作品题材基本集中在山水画,可见他对政治时局和社会审美需求没有关注,也没有兴趣,其艺术取向集中在对绘画本体的深入研究上。

1948年,黄宾虹已是垂暮之年,他返回杭州,任国立杭州艺专教授。晚年任中国美术家协会华东分会副主席,中国美协理事,被聘为中央民族美术所所长(因病未任)。虽然晚年,也有社会地位,但境况并没有好转,没有受到关注,也是门可罗雀,只偶有学生求教。

因此,一个画家的艺术成就被社会接受和认可,其原因是比较复杂的,具有很多的综合因素,并在艺术发展的任何时期都存在。大师总是超越时代标准的,国内对黄宾虹艺术的认识经历了很长的一个过程就是这个原因。绘画艺术总是随时代的发展而发展,审美标准也不断变化,其实每个时代都会有这类现象发生,并不是个案。在中国未来的绘画领域,由于全球的政治文化格局、图像高度信息化和东西方文化多元化,文化需求和艺术的标准将更加多元,更难趋向集中和达到统一,故而,当代优秀的艺术家和作品被边缘化和漠视化,导致艺术和作品被低估现象将会显得更加突出。因此,美术研究者和工作者需正确认识到这一点,谨慎对待各种社会现象和艺术现象,对自己的艺术量体裁衣,做出正确的学术定位和选择,走好自己的艺术之路。

天价黄宾虹作品背后的冷思考

薛亚军

（湖南省长沙民政学院，湖南省长沙，410004）

2017年6月24日，黄宾虹的作品《黄山汤口》终于在嘉德拍卖会上突破亿元大关，被山东某新能源电动车的老总以3.45亿的天价竞得。《黄山汤口》在6年前仅拍出4700万的价格，6年后3亿多看似天价，但与徐悲鸿、李可染、黄胄等画家作品价格相比，其实并不高。这是一个与黄宾虹作品艺术价值和历史地位相匹配的市场价格。

黄宾虹作品破亿，最应欣喜若狂的是黄宾虹作品的藏家。不过各路媒体争相报道的天价作品，也为广大美术爱好者、普通公众提供了一个认识、了解黄宾虹及其作品的机会。尽管大众对现代中国画的认知水平多停留在齐白石画虾的水平，但以天价为噱头的推介，也最能吸引渴望一夜暴富的公众眼球，使公众能在毕加索、凡·高、齐白石等画家之后，还能说出黄宾虹的名字，也是美术普及上的一个进步。所以说无论从黄宾虹的艺术价值还是普通公众的美术教育来说，3亿多天价作品新闻都是值得传播的好消息。

此外还有什么意义呢？当下从事书画艺术的学子、画家能从其中梳理出行之有效的成功捷径吗？恐怕不能，如果了解黄宾虹的创作历程，反倒会令人十分沮丧。无论生前还是逝世后，黄宾虹的艺术都是十分寂寞的。黄宾虹年逾古稀时，很多人都还以为他仅是一位美术史教师，而非山水画家。他的画价在同时代画家中也属于最低一类。身处书画展览、交易最频繁的上海，别的画家如吴湖帆等一两年更改一次润格，厉害者如张大千，年年都调整画价，而黄宾虹的画价却数年不动。他去世时，家属遵遗嘱要将数量庞大的作品捐赠国家，却没有人愿意接受。还是在一位爱好书画的官员出面直接过问下，这些作品才被勉强搁置在浙江省博物馆仓库。悲哀的是，直到黄宾虹去世30年后，这些作品才被打开重见人世。究其原因无非是黄宾虹的作品用色太黑，不漂亮，时人看不懂。因此，尽管今天他的作品拍出了3亿天价，他着实没有什么成功的捷径可提供。倒是一些研究艺术品拍卖的文章，能从反面给渴望在市场快速成功的画家指点迷津。首先是黄宾虹没有像徐悲鸿一样成为时代的弄潮儿，振臂一呼，成为新政权美术界的象征；也没有像齐白石一样通俗易懂，妇孺皆知；更没有学张大千长于结交达官显贵，将自己作品卖出高价。大家都知道，卖画，一方面靠熟人，另一方面靠宣传交际。黄宾虹的落魄说明，他在画事之外的活动能力显然不行。当然，这不是黄宾虹不能为，而是不为。黄宾虹的关注重点是笔墨："国画民族性，非笔墨之中无所见。"所以说，如果画家朋友们要从黄宾虹处找寻市场成功的经验，应该反其道而行之。

不过，从当下中国画创作所面临的困境出发，来考察黄宾虹的创作实践与艺术思想，对我们反倒有更切实的现实借鉴意义。

黄宾虹认为画家千古以来，画目常变，而不变的是对绘画精神的追求。而这种精神的获得，必须要从深入研究中国书法文字学等而来,"非江湖朝市俗客所可貌似"。黄宾虹视笔法线条为中国画笔墨的核心所在,中国画的民族性、含蓄性与独特性都在于此。他说:"鄙人研究数十年,宜与人观览;至毁誉可由人。而操守自坚,不入歧途,斯可为画事精神,留一曙光也。"中国画特别强调笔法线条,正所谓"骨法用笔",注重书写性,要笔中见物,用墨之妙全在笔法之中。如果一幅画在用笔上败笔多多,那么整幅作品也就没有可谈论的必要了。这种认识在今天已经是常识性的问题,无须再旁征博引地阐释,但时下画坛中的大腕名家们,真正重视并实践的又能有几人呢? 我们倒是看到很多画家的作品画面构成设计、设色尚能看过眼,唯独题款书法不堪卒读,看似各种变形、怪异的字体如画符一般适合画面,实质乃是没有最基本书法功底的表现。再由书法反观其画,就会看到形式多样的制作技巧,唯独不见笔墨。若是有所谓实验、当代水墨名号为幌子遮羞倒还罢了,可他单单追慕的是气韵生动、骨法运笔云云。

黄宾虹尤其不屑这种除笔墨之外,各种"邪、甜、恶、俗"齐备的中国画作品。他说自己"与时贤所习相背"。黄宾虹批评当时的中国画作品多"文人积习",以画面漂亮、细致为时尚,浮华、轻软为风格,与中国画创作正道大相径庭。他批评道:"近时尚修饰、涂泽、谨细、调匀。以浮华为潇洒,轻软为秀润,而华滋浑厚全不讲矣。"其实,反观我们今天的中国画创作,真正能被市场接受的实验作品又有几何? 山水画创作"失魂落魄",工笔花鸟画制作多于绘画,无不以干净漂亮、制作精良为胜。时风崇尚的又何尝不是"以浮华为潇洒,轻软为秀润"的歧途? 画家在资本炒作、艺术市场面前,统统得了软骨病,遑论什么中国画精神追求了。君不见,书画界热衷攀附权贵抬画价、高研班搞社交、集体下跪拜名师、流水线方式作画等画外功夫早已司空见惯了么。

黄宾虹的创作是寂寞的,能识其艺术价值的也只有傅雷等极少数人。但面对时人的讥讽、批评与不理解,黄宾虹知道自己的研究面临的是绘画创作中的大难关,他并没有因批评而气馁,更没有像今天的某"大师"一样,因批评而将批评者以诽谤罪告上法庭。相反,他因批评而自省,认为多批评讨论会有助于明晰问题所在。他说:"我用积墨,意在墨中求层次,表现山川浑然之气,有人既以为墨黑一团,非人家不解,恐我的功力未到之故。积墨作画,实画道中的一个难关,多加议论,道理自明。"

我们因超3亿天价而关注黄宾虹,对他的艺术了解却并不多,即使是学术界,对他的研究也才刚刚开始。黄宾虹的艺术实践路径并没有给我们提供一条实用快速的成功经验。相反,他穷极一生"以力学、深思、守常、达变为旨"崇古又不泥古地对待传统的态度,对时下浮躁的中国画坛有着重要的警示作用。绘画实为寂寞之道,好的市场回报乃是艺术之余的美丽邂逅,不能强求,更不能跪求市场。有理想的画家在面对传统时,应该学习黄宾虹"知常守变"的态度,勤奋不懈地努力实践,只有这样,如果幸运的话,我们才有可能在艺术上有所贡献。这应是黄宾虹对我们的启示。

编者按：

传统工艺是传承中国传统文化的重要基础，也是中华文脉得以延续的关键因素。设计师们用不同的视角在不同的传统工艺门类，在继承基础上进行创意研究。中国传统工艺在多元文化背景下，焕发出新的生机和活力。该栏目现刊登三篇相关研究成果论文，以供广大读者参考。

巴渝家居木雕艺术"再设计"的创新应用

任宇

（四川美术学院，重庆市沙坪坝区，401331）

一、巴渝家居木雕艺术形成的历史和地域条件

（一）历史、地理位置的影响

重庆历经巴国古都城、大夏国都城和民国抗战陪都三个重要历史时期，逐步形成独特的巴渝物质文化形态，以此为依托逐渐兴盛。巴渝地区地处盆地，森林资源丰富，四面群山环绕，形成独特的地域性丘陵、山地地貌且坡地面积较大，故得以"山城"之名。独特的地理环境为巴渝家居木雕艺术提供了丰富的木材资源，传统手工艺艺人就地取材，创作出许多巴渝地区特有的木雕艺术作品，这些作品数量多、品类齐，工艺精妙，造型坚实豪放，构图饱满，给人以古朴美、力量美的感受。

在整个巴渝地区历史变迁过程中形成了相对独立的历史文化脉络、鲜明的地域文化特质和独特的民族文化形态，在此历史背景与地理环境下传统手工艺艺人创作的木雕艺术作品具有明显的地域性、民族性的特点，以此区别于其他地区的木雕艺术作品，凸显其自身存在的艺术价值以及研究价值。

（二）巴渝文化的影响

巴渝文化起源于巴民族和巴国在历史长河发展中逐步形成的全部物质文化、精神文化以及其社会结构的地域性文化的总和。巴民族生活在陡峭的山崖，崎岖的山路，奔腾的大江之间，接受着大自然的洗礼。在如此险恶的环境中必然孕育出一种顽强自强、坚韧剽悍的个性，因此巴民族以勇猛、善战、生性豪爽而著称。"一方水土养育一方人"，如此品性在木雕艺术上有强烈的表现，传承着巴渝文化的内容和精神。

巴渝传统木雕艺术主要见诸现在残存的包括寺庙祠堂、戏楼、会馆、古镇民居以及博物馆馆藏品等艺术价值较高的建筑的木雕艺术装饰构件；具有典型雕刻特征的木质家具陈设、家具摆件。巴渝地区木结构的

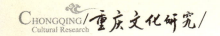

古建筑中房檐、窗棂上大刀阔斧的木雕,折射出豪放震撼的阳刚精神。巴渝地区具有代表性的传统雕花架子古床,结构宽大、用料讲究、精雕细作,雕工精湛,或透雕或浮雕,或鎏金或髹漆或彩绘,层层叠叠,错落有致,充分展现了巴渝地区木雕艺术手工艺人的聪明才智与超凡的技艺。

(三)移民文化的影响

从秦朝到二十世纪六十年代,巴渝地区共经历了七次大的移民浪潮,其中范围最广、人数最多、影响最大的就是明末清初的长达百年的"湖广填四川"的移民浪潮。这些外来民族所带来的移民文化与本地文化的相互碰撞与融合,使得巴渝木雕艺术变得更加丰富多彩,会馆文化应运而生,以重庆湖广会馆木雕最具代表性。

重庆湖广会馆作为中国现存规模最大的古会馆建筑群。由广东会馆、两湖会馆、江南会馆、江西会馆及四个戏楼组成,其中还包括广东公所、齐安公所等明清古建筑群及仿古新建筑群。重庆湖广会馆木结构建筑群雕刻装饰受移民文化的影响,具有浓郁的徽式风格特点。徽州木雕以行云流水般的刻线,栩栩如生的造型,牢固与美学协调统一而闻名于世。巴渝地区家居木雕艺术深受其影响。

二、巴渝家居木雕艺术特点

(一)单纯的原始美

巴渝地区地处崇山峻岭之间、山转水迁之中,孕育出独特神秘的巴民族文化。"蜀道难,难于上青天"描述的正是巴渝地区的地理环境,巴渝地区开放与封闭相交融的独特地理环境,造就了巴渝原始艺术的相对独立性,具有明显的本土原始地域性,保留了许多巴渝原始艺术的美学特征。巴渝家居木雕艺术单纯的原始美主要表现在大刀阔斧的民居建筑装饰构件上,是自然的情感折射,是巴民族最质朴的美好愿望,思想情感的表达,是巴渝人审美理念的表达。

(二)粗犷的阳刚美

巴民族品性古朴刚毅源于巴渝地区独特的地理位置和气候环境,他们世代繁衍生息在这片独特秀美的土地上。巴渝地区家居木雕艺术是巴渝人民个性精神的生动体现。巴渝家居木雕艺术的雕刻线条刚劲有力,构图饱满均衡,雕琢厚重拙朴。手工艺匠人就地取材将自由奔放的艺术创作灵感与大刀阔斧的雕刻技艺巧妙结合,使巴渝地区家居木雕保持着一种粗犷的、刚健的、古拙的、淳朴的情趣与格调。

(三)诗意的意蕴美

巴渝家居木雕的生命力表现在巴渝人对于美好生活的追求与向往之中,他们对生活充满热情,对生命充满敬畏。在巴渝家居木雕艺术题材的选取上明显地凸显丰富的象征寓意,表达出巴渝人对于生活的热情与美好的祝愿。比如,巴渝地区传统民间雕花架子床雕刻有牡丹花纹饰与白头翁,寓意着夫妻"富贵白头"。这些奇特的构思,巧妙的组合与诗意的内涵完美结合,创造出具有巴渝地区家居木雕艺术独特的艺术语言与美学特征。

(四)古朴的质地美

巴渝人凭借着丰富的森林资源与智慧灵巧的双手,创作出众多精雕细琢、惟妙惟肖的木雕艺术作品。巴渝地区木雕艺术作品很少运用表面再施加彩绘与镶嵌的装饰手法,较多是呈现木头本质的特性,突显木料本身的纹理与质感之美,充分显示出巴渝木雕材料本身的形、色、纹、质地的美感。

三、巴渝家居木雕艺术创新设计应用范围的拓展

(一)在现代建筑装饰中的创新应用

木建筑装饰构件作为巴渝家居木雕艺术最主要的载体,不仅对建筑起到美化的作用而且常常就是建筑结构的一部分。现代建筑装饰与传统巴渝家居木雕艺术相结合,是多元文化的呈现和交融,不仅赋予现代建筑装饰更多的人文情怀和文化内涵,而且使巴渝家居木雕在新时代以崭新的面貌适时发展。

巴渝家具装饰图案、材料选择、加工工艺"再设计"的三种方法,已应用到现代建筑装饰中:

(1)装饰图案方面

一方面,是直接将巴渝家居木雕图案具有代表性的装饰符号运用于现代环境中(如图1),清晰地体现传统的意味。仿古的雕花屏风与落挂应用到家居室内环境中常常起到装饰、空间划分、统一整体家装风格的作用。另一方面,可以将"再设计"的木雕装饰图案应用到现代建筑外墙和造型中,突显建筑的时代特征又体现传统文化内涵。如日本建筑设计师隈研吾设计的日本高知县梼原木桥博物馆(如图2),这个设计方案提炼抽象出传统斗拱元素作为建筑的整体造型轮廓,单纯质朴的条形木材交错层层叠加,去除了传统斗拱的雕梁画栋、鎏金涂彩的纷繁,让这个建筑与周围的自然景观环境更加和谐。

图1 室内走廊

图2 日本高知县梼原木桥博物馆

(2)材料选择方面

木塑复合材料、人造板等都是属于新型的建筑加工材料。在现代建筑装饰中选择这些新型材料可以减少对木材资源的需求,节约森林资源,维护生态平衡。并且如木塑复合材料应用到建筑的外表皮装饰中,相较于原木更耐腐蚀、防开裂,有利于建筑后期的维护和保养。

(3)加工工艺方面

将巴渝家居木雕艺术融入现代建筑装饰中,一般都作为外立面的装饰或局部装饰出现,面积都较大。采用传统的人工雕刻费时费工,因此就需要现代加工工艺的介入,木塑复合材料成型制作工艺、数控CNC精雕现代工艺都是比较可取的加工方式。

巴渝家居木雕在现代建筑装饰中的创意应用设计构想方案一:日本建筑师隈研吾对于建筑有这样的理解,他认为物与物挤在一起,没有缝隙的状态,不仅仅会显得透不过气,更重要的是难以应对环境、状态以及使用方法的变化。也就是说,有隙间通风良好的状态会看上去"柔软又坚韧",而没有隙间、紧密排列的状

态,看上去给人整齐的感觉,实际上却非常脆弱。在此理论的基础上结合巴渝地区家居木雕的透雕工艺精髓而设计一款建筑外墙装饰立面(图3),在设计方案中,选择应用两层木塑复合板材作为建筑外墙装饰立面材料,木塑复合板材作为一种新型的环保建筑材料不仅起到保护环境作用而且大幅度提高施工效率、缩短施工时间,木塑复合板材相较于传统木质板材不仅使用成本大大降低,而且利于后期维护。

图案方面通过简洁、明快的几何图形制造出起伏感、节奏感、层次感,画面既层次分明又充满现代感。空灵通透的新型木材质感建筑外墙装饰立面不仅起到装饰整体建筑,完善建筑风格的效果,而且阳光可以沿着透雕隙间进入室内环境中,塑造空间穿透多变的效果,具有良好的采光性、节能性。没有透雕的部分又能很好地保护室内的隐蔽性,保证用户的私密使用空间。使建筑与外界相互融合,使人、建筑、自然三者达成和谐关系。

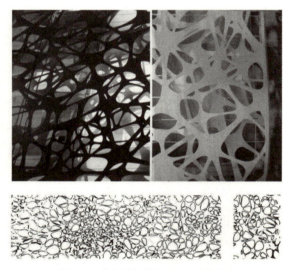

图3 巴渝木雕创新设计——建筑表皮

(二)在现代家居产品中的创新应用

通过前期的实地调研与分析工作,我们总结出对巴渝家居木雕"再设计"的方法。通过这些方法的总结应用,才能使巴渝家居木雕在新时代与人们日常生活息息相关的产品上具有使用性、实用性和功能性,从而促进其继承与发展。

在家居产品中运用巴渝家居木雕的图案元素,使家居产品具有独特的地域性与本土性的美感,现代与传统的结合体现出造型装饰的多元化。如波兰艺术家制作的葫芦灯具系列(如图4),通过美妙的民族特色图案和透雕、浮雕、刻线等复杂的雕刻工艺相融合,光线依据雕刻深浅的不同呈现出光影梦幻的视觉效果。在此可以借鉴此案例,将巴渝家居木雕独特的元素符号运用于灯具之上,形成更具有巴渝地域性的本土家居产品。

图4　葫芦灯具系列

(三)在现代配饰中的创新应用

现代配饰逐渐摆脱了传统对于保值材料的追求,拓展了不同新材料的装饰功能,更加倾向于一种个性艺术的表达手段。巴渝家居木雕艺术可以借助新的材料选择和现代加工工艺制作各类型的现代配饰。如俄罗斯设计师利用3D打印技术设计的首饰灵感来源于俄罗斯民间艺术:俄罗斯套娃。他利用最新的3D打印技术实现外层造型复杂的网格式结构,达到层层镂空的视觉效果。这一系列首饰作品的形式和创意都是值得学习和借鉴的。

图5　3D打印的俄罗斯套娃首饰

我们可以提取巴渝家居木雕艺术中具有代表和吉祥寓意的图案和纹样通过新材料和新工艺制作各类配饰,使其符合现代人们的审美情趣。为现代配饰注入更多巴渝地区的本土文化和传统意味,拓展现代配饰的视野,丰富现代配饰的制作元素,为现代配饰提供更多的启示。

巴渝家居木雕在现代建筑装饰中的创意应用设计构想方案一:木雕箱包装饰图案灵感来源于巴渝地区镂空花窗,提炼木雕花窗的装饰纹样,重新组合成为更具有现代视觉审美的几何图形。应用新的木塑混合板材与数控CNC精雕技术工艺雕刻出设计好的几何纹样,可以根据不同的审美情趣选择不同的木纹搭配方式,在简洁明快现代感十足的外观造型下找寻细节的变化。按功能不同可分为单肩背包、手拿包、提包(图6)等。

图6　巴渝木雕创新设计——提包

　　传统手工艺曾经与人类的不同阶段的社会生活息息相关,它服务于当时的人类社会生活,具有很强的使用价值和实用价值。让现代设计的时代感与传统手工艺的个性美融合,使其具有一种持久的生命力。我们应探索传统手工艺与现代设计结合的"再设计"之路,在新时代的个性审美、实用功能需求、品牌理念中进行中国传统手工艺的保护和传承的设计。

梁平传统竹艺的传承与创新在旅游纪念品设计中的应用

傅淑萍

（四川美术学院,重庆市沙坪坝区,401331）

近年来,梁平区政府针对梁平独有的人文地理和传统手工艺开发旅游产业,通过不断加大资金的投入、不断强化旅游基础设施与配套设施的建设,梁平的旅游产业发展格局基本形成;同时,为了积极开展对旅游地的宣传促销,努力打造梁平区的旅游品牌,树立梁平区旅游的整体形象,梁平区政府因地制宜地发展旅游纪念品产业,采用当地丰富多彩的竹料资源与传统竹编手工艺相结合,开发设计出具有代表性的旅游纪念品。

一、梁平传统竹艺

梁平区隶属重庆市,是以旅游、休闲为特色的生态宜居城市。梁平区屏锦镇被称为"寿竹之乡",拥有西南地区最大的天然竹海——百里竹海。百里竹海是市级风景名胜区,集竹林、山水、人文于一体,融"雄、奇、险、秀、幽、绝"于一身,拥有20万亩的成片竹林,竹类品种37个,被誉为"竹类博物馆",竹料资源十分丰富。

梁平区屏锦镇独特的人文地理环境孕育着乡土气息浓郁的传统手艺——竹艺。梁平区屏锦镇竹艺发展历史悠久,是当地民众在长期的生产生活实践中,逐渐形成的一种竹篾编制品,它涉及人们的日常生产、生活的各个领域,是人民生活的见证。随着工业革命的发展,机器生产的流水线代替了传统作坊的手工艺生产,梁平的传统竹编手工艺在现代化文化、技术、观念与审美的冲击下,面临着自身延续和发展的巨大挑战与压力。

梁平区屏锦镇的传统竹艺主要面临以下几个严峻的发展问题:

（1）生产效率低,产品成本高,市场竞争力弱。

（2）传统手工艺人生产观念守旧,创新、艺术观念等设计思维滞后。梁平竹艺的工艺多以世代相传或以作坊依托的师徒关系,口传身教,制作的产品大多沿袭以往的设计结构。

（3）继承开拓不足,内容陈旧,不符合当下审美观念,忽视了创意的文化附加值。

（4）发展规模小、发展环境闭塞,没有形成有效的劳动分工,导致现代设计理念与技术难以介入。

（5）年轻一代传承人把传统手工艺当作一种谋求生计的手段,传统竹制品市场占有率低,丧失谋生作用后,传统手艺面临着失传的困境。

机械化流水作业下的产品使现代生活更加便捷,但也导致了具有民族文化特色的产品变得贫乏,产品趋于同化,人们逐渐失去了体验的乐趣,丰厚的文化底蕴也随之流失。鉴于当下传统工艺的生存和发展困

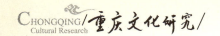

境,我国大力提倡传统手工艺的传承与创新,但传统手工艺还停留在政府的保护层面,广大民众没有意识到保护、继承、创新传统手艺的重要性与紧迫性。如何让民众自觉、主动地加入其中,将传统手艺成为现实生活中不可或缺的一部分? 如何走生产与文化和谐的共生之路?

在梁平传统手艺日渐需要保护与发展的同时,梁平旅游纪念产品的开发为传统手艺的传承与创新提供了机遇。

二、旅游纪念产品的开发原则与设计理念

旅游作为一种健康的生活方式和消费行为,成为时下潮流与热议的焦点,我国旅游人数每年都呈稳定增长的趋势,我国的旅游市场形势一片大好。旅游纪念产品是旅游商品的重要组成部分,在旅游经济中有着突出的地位,对活跃旅游市场,促进地区经济发展,带动就业,塑造旅游区的良好形象有着重要的意义。但我国针对旅游纪念品的设计方法研究相对薄弱,旅游纪念品的开发设计相对滞后。

文化内涵及特色开发在旅游纪念品中,起着至关重要的作用,它不仅是一种技术、经济的过程,同时也是一种文化承袭、积累乃至创新的行为,这是吴克祥在《休闲旅游产业发展模式探讨》的文章中,提出的比较有影响力的观点。富有创意的设计是让旅游纪念品走出平淡经营的有效手段,旅游纪念品只有不断推陈出新,才能有效推动旅游市场的发展。可以以各地开发旅游纪念品的资源类型为依据,因地制宜地开发,探索本土文化的特征,增加旅游产品附加值,承袭文化的精华。

传统竹艺通过现代设计转型,可以满足当代人生活和审美的需求,激发游客的消费欲望。

三、梁平传统竹艺在旅游纪念品中的应用可行性分析

(一)梁平传统竹艺的价值

在我国,竹艺的发展可以追溯到石器时代,早在900多年前张择端绘制的《清明上河图》中,竹编制品随处可见,广泛又悄无声息地渗透在生活中,与人们的生活息息相关。"千磨万击还坚劲,任尔东西南北风,""解箨时闻声簌簌,放梢初见影离离","未出土时先有节,及凌云处尚虚心"等不胜枚举的诗句简明扼要地概括了"竹的气节"。人们对竹的喜爱千百年不曾有变,这种喜爱源于它是大自然的恩物,拥有千姿百态的"美":

1.材质美

竹的品种多样,不同的竹类可塑造不同的器物。竹质地平滑、清雅,外形直立向上,下粗上细,壁薄清脆,色泽较浅,易上色和进行后期加工。此外,竹还有优异的物理性能,弹性与韧性强,可以满足各种巧妙的构思,加工成风格各异、形态万千的竹制品。

2.工艺美

竹器的制作工具有锯子、大刀、小刀、刮刀、短刨、长刨、锉刀等。涉及工序有二十多道,每个步骤都紧密相连,有次序地配合。根据不同的器物要求,加工方式多样,例如:火烤弯曲法、开凹槽弯曲法、锯三角槽口弯曲法等。工具的使用和工序的合理进行,都蕴含着学问。

3.功能美

梁平传统竹艺制品根据竹制品的功能基本划分为三类:生活用品、家具以及祭祀用品。这几类竹制器物配上手工艺人精湛的手艺,造型精巧,或方或圆,轻松灵动,在人们的生活中扮演着不可或缺的角色。竹

制品不仅具有使用、观赏和收藏的功能,还具有特殊的养生保健功能,在人们经济水平提高,养生意识日益凸显的今天,竹制品的消费群体也在不断地扩大。

4.装饰美

竹制品的装饰手法除表面着色、镶嵌外,相较于其他材质来说并不多,但是独特,梁平传统竹艺以竹帘画、竹扇、竹丝扣瓷最为有名,家喻户晓。

5.文化价值

梁平传统竹艺都是老手艺人不断学习、探索与借鉴的成果,是一个融合自身智慧与借鉴其他民族优秀技艺和文化,再形成自己独有的艺术特色的过程,具有文化借取与地域个性并存的文化特征。

(二)梁平传统竹艺在旅游纪念品开发中的应用可行性

1.审美需求

梁平各景点有丰富的自然资源,开发了民俗活动、特色表演、特色农家乐等一系列旅游项目,当地风情常常让游客心旷神怡、流连忘返。梁平传统竹艺更是当地靓丽的名片之一。在紧张、繁忙的都市生活中,人们追求回归自然、原生态的生活情调,竹是心与物、用与美、才与艺、形和神集聚一身的产物,游客在竹制品的造型与纹样中感受本土风情、历史变迁和民俗文化的融合,将竹艺与旅游纪念品相结合在一定程度上与游客的审美追求不谋而合。

2.文化需求

竹艺文化历史悠久,世代相传,竹艺文化产品内敛、质朴、刚强。旅游纪念品注重挖掘客体的文化价值,强调有文化厚重感,缺少文化内涵的旅游纪念品很难增加产品的附加值,无法在文化产业的竞争中占有优势。梁平的传统竹艺——竹帘画等传统工艺纳入了国家级、市级的非物质文化遗产项目,借此机会,我们可以开发梁平独有的具有文化底蕴的旅游纪念品,形成独特的旅游资源和本地旅游不可取代的优势。

3.消费趋势

随着经济的发展,物质资源不再贫乏,人们追求有思想、有情调的精神生活,提倡休闲主义与实用美学,消费的趋势更加倾向于以休闲娱乐为中心的体验参与。梁平竹艺具有观赏性、体验性的特点,成立竹制品产业园区,在游客观赏的同时,展示竹艺的工具、工序与手艺,邀请游客一同参与,引发游客的共鸣,满足游客自我表现与自我实现的精神需求。此外,竹制品的绿色可持续发展性与生态健康,本身也是当今生态绿色产品的发展趋势。

4.政府导向

梁平的旅游产业带来的经济效益逐年增长,政府重视并注重旅游业在国民经济中的拉动作用。梁平区屏锦镇人民以往靠烟花、爆竹产业谋求生计,为保护环境,避免环境污染、大气层破坏,烟花、爆竹产业被取缔,大量劳动人口面临失业。梁平区政府明确划分各个部门职责,组织相关人员,针对梁平旅游业涉及的相关问题出谋划策,在政府投入引导性资金的带动下,社会各领域提高了参与旅游业的积极性。政府部门同时制订了相应的促进措施,例如:进行中国非物质文化遗产涉及人员的研修和培训;组织人员编写竹艺相关的书籍与影像出版;组织设计人员与传统手工艺人协作创新;为传统手工艺人提供业绩岗位,为学习传统手艺的民众提供扶持和提高相应补贴等。

四、梁平传统竹艺的传承与创新在旅游纪念品中的应用

梁平传统竹艺需要继承与创新才能在旅游纪念品中发挥它的价值,如何将传统竹艺应用到旅游纪念品

中,作者提出了以下几点观点:

(1)取其精华去其糟粕

传统手工艺制品反映了一个时代的面貌和精神,其在历史的发展中不断吸收美好的事物来丰富自身,"传统"的意义不是静止的、闭塞的,继承传统不是一味照旧、千篇一律,而是取其精华之处,加以再造,新添新时代的色彩,满足当下人们的需求。梁平传统竹艺工艺复杂、工序繁多,耗费大量人力,作者认为选取传统竹编工艺中具有代表性和特殊性的装饰技艺,在现代设计及审美下改造,焕发新的生机。对于传统竹艺中完全与当下审美与需求脱轨的部分,编辑书册与影像,供后人借鉴、探索和发现。

(2)情感化设计与创新设计

新兴科技与技术给人们带来物质上的满足,也给人们带来了冷漠的工业产品,人与人、人与物之间在情感上的交流日益减少,现代人对情感生活的迫切需求远胜往日。旅游纪念品不同于其他商品,其意义在于游客的喜爱中寄托着浓厚的情感。在对梁平传统竹艺的旅游纪念品设计中,调研用户群体的情感世界,观察消费者的价值观,加上技艺、造型、用途上的创意设计与理念,给消费者带来耳目一新的独特体验。梁平传统竹艺中,融合了独特的自然景观、民族风俗等特质,转化为旅游纪念产品更易抓住消费者的购物心理。

(3)功能与美兼具

旅游纪念产品兼具实用性和美学性,梁平竹艺本身编制出的器物与人们日常生活息息相关,不可或缺,竹艺的实用性毋庸置疑。但对于旅游纪念产品,作者认为应选材普通,做工精良,设计简洁,尺寸适中或小,便于携带,要将纪念性、实用性和艺术性巧妙结合。

(4)借鉴与改良

梁平传统竹艺的传承与创新发展在旅游纪念品中的运用忌讳闭门造车。复苏手工艺是当下全世界瞩目的焦点,不少国内外优秀的竹编旅游纪念品案例,富有本土气息、充满现代感,视觉上轻盈美丽,有各自独立的特质,创造出了新的美学体验和商业价值,值得梁平传统竹艺在继承与创意上借鉴,并结合本土的发展特点,创造新的事物。

五、结语

民间传统手工艺的继承与发展是一个相对复杂且细腻的问题。我国民间传统手工艺丰富多样,随着时代的变迁,有些传统手工艺面临失传的境地,传统手工艺的保护、继承和创新迫在眉睫。各地旅游业蓬勃发展,形成了新的文化产业链,大力开发具有本土文化价值的旅游纪念产品,这为传统手工艺的发展指出了一条可行之路,民间传统手工艺也需不断创新,推陈出新才能抓住机遇,与时俱进。

参考文献:

[1]成果.益阳传统竹艺在旅游纪念设计中的应用研究[D].天津:天津科技大学,2013.

[2]唐卫东,周君.南岳旅游纪念品初探[J].设计,2014(4):45-46.

多重视野下传统工艺品牌化建设与创意设计的结合

黄亚玲

（重庆市文化艺术研究院，重庆市渝中区，400013）

　　我国悠久的传统文化孕育了丰富多彩的传统工艺，其技艺精湛、门类丰富。自古以来，传统工艺品与大众的日常生活息息相关。工业革命后，传统工艺品逐渐被机器化大生产背景下大规模制造产品所替代，传统的手工艺逐渐远离消费主流市场。传统工艺品市场逐渐萎缩，许多传统工艺品变成了仅供人们欣赏的文化"艺术品"，失去了作为日常用品的意义。

一、多重视野下的"传统工艺"保护与发展

　　中华人民共和国成立以来，我国传统工艺行政隶属机构经历了几次重要的调整。作为出口创汇的主要途径，曾得到繁荣复兴。1954年11月，国务院决定成立中央手工业管理局；1958年5月，中央手工业管理局与轻工业部合并；1959年6月，中共中央发出《中央关于重新建立手工业管理机构》的指示，合并一年后的手工业管理局重新单立；1965年初，国务院又决定撤销中央手工业管理总局，改建成立第二轻工业部，同全国手工业合作总社合署办公；1970年4月，第一轻工业部、第二轻工业部、纺织工业部合并为轻工业部；1978年1月，轻工业部与纺织工业部分开……从轻工业部到中国轻工总会，再成为中国轻工行业协会，工艺美术从1950年代以前的个体作坊，到手工业合作社，再到国家行政管理范畴的集体企业，最后在机构改革的背景下又回到个体，[①]形成了目前传统工艺以个体为主的基本传承发展模式。改革开放以后，随着工业化程度进一步提高，传统工艺美术从出口创汇的繁荣发展时期逐渐成为了"保护"的对象。1997年5月20日我国颁布了《传统工艺美术保护条例》。1998年，国家教育部颁示全国普通高等学校专业目录，将沿用半个世纪的"工艺美术"专业改名为"艺术设计学"专业。"艺术设计"这一学科门类才得以确立。艺术设计人才越来越多的同时，传统工艺美术人才越来越紧缺。以往工艺美术涉及图案设计、装饰、服装染织、工艺等多个方面，此后，"工艺美术"逐渐回到传统工艺的范畴。

　　传统技艺（包括饮食制作技艺）作为非物质文化遗产的重要组成部分，近年来从"非遗"的角度，受到了大力的保护，传统工艺涉及的项目主要是传统技艺中除开饮食制作技艺的项目和传统美术部分项目。2005年3月，国务院办公厅印发了《关于加强我国非物质文化遗产保护工作的意见》。同年12月，国务院颁发了《关于加强文化遗产保护的通知》，唤起了对传统文化的保护意识。2011年颁布了《中华人民共和国非物质文化遗产法》。近十年来，传统工艺相关项目作为"非遗"保护与传承的对象，得到政策、资金等方面的支持。同

[①]杭间.从工艺美术到艺术设计[J].装饰,2009(12):16-18.

时,在"非遗"保护的视野下,各类"非遗"展示展演活动不断开展。不仅如此,传统工艺还在各类设计展及博览会中呈现,以"传统工艺""民艺"等为关键词的展览活动,为传统工艺的传承与传播起到了积极的作用。同时,各地兴起的"民宿"热潮及旧房改造中融入的民间工艺元素也为传统工艺融入生活提供了诸多成功的案例。虽然传统手工艺重新回到大众视野,但是,依然是"小众"的,在现代化的冲击下,传统手工艺的传承与创新面临着严峻的考验。

同时,国家在政策方面,不断加大对于"传统工艺"的保护力度。2011年通过的《中共中央关于深化文化体制改革推进社会主义文化大发展大繁荣若干重大问题的决定》提出了建设社会主义文化强国的目标和任务,2012年的"十八大"报告再次重申建设文化强国的战略决策。2014年5月,工业和信息化部出台《关于工艺美术行业发展的指导意见》,全面推进行业转型升级。2014年7月,文化部、工业和信息化部和财政部又共同发布了《关于大力支持小微文化企业发展的实施意见》,制定了给予包含工艺美术文化企业在内的小微企业的具体扶持政策。在目前传统工艺亟待保护的当下,党的十八届五中全会明确提出了要"构建中华优秀传统文化传承体系,加强文化遗产保护,振兴传统工艺",振兴传统工艺上升为国家战略。2016年1月4日,全国文化厅局长会议对文化工作做出安排部署,提出传统文化融入日常生活,推动传统工艺振兴,制订实施传统工艺振兴计划。2017年1月,中共中央办公厅、国务院办公厅印发了《关于实施中华优秀传统文化传承发展工程的意见》,并要求各地区各部门结合实际认真贯彻落实。2017年3月12日,文化部、工业和信息化部、财政部联合起草的《中国传统工艺振兴计划》经国务院同意,进入贯彻执行阶段。传统工艺振兴计划上升为国家战略,这对于传统工艺行业的发展是机会,也是巨大的挑战。

二、传统工艺品市场面临的现实问题

随着时代的发展,越来越多的手工艺品成为"艺术品",实用功能减弱,在造型与外观上具有审美性,但是无法实际应用。在逐步推进传统工艺的核心技艺传承发展的基础上,如何让产品融入日常生活,进入市场,是目前传统工艺发展必然面对的问题。这不仅需要产品内在方面具有较高的文化价值,更迫切的是需要在生产中积极体现商业价值。目前,传统工艺的发展依然面临一些问题。

(1)以个体小作坊生产为主。目前,大部分传统工艺品生产依然依托小作坊进行,以非物质文化遗产代表性传承人为核心,少数人帮扶,在项目所在地开展工艺品制作。由于受到加工方式的束缚,除了少数掌握核心技艺的人员具有较好的制作能力外,其他人的作品粗制滥造现象明显。

(2)品牌意识薄弱。品牌,是人们对一个企业及其产品、售后服务、文化价值的一种评价和认知,是一种信任。当品牌文化被市场认可并接收后,品牌才产生其市场价值。绝大多数传统工艺生产企业还没有建立品牌意识,市场上手工制品样式单一、缺乏独特性。

(3)市场定位的偏颇。传统工艺品的主要消费人群在项目保护地主要针对当地居民,例如竹编、木器制品,主要的受众是当地的居民,工艺品与当地民俗活动紧密相关,一般售价在几十元以内。另外一方面,在人们精神文化水平、物质水平逐渐提高的同时,部分工艺品在成为艺术品之后,受到文化层次、经济收入较高的社会"顶层"人士青睐,这些工艺品一般定价极高,只有很少数人能消费得起,例如一件刺绣、木雕作品价格上万元,这样形成了消费群体的两极分化。然而,作为一般市场上中间层次的消费人群,是最具消费实力的群体,传统工艺品市场针对此类人群应该有更多的关注。

三、传统工艺品牌化建设与创意设计结合的案例

创意设计是通过一定的造型形态来表达设计意图的创造性行为,除了包含有物质技术的内容外,还是一种高层次的艺术思维活动,不可避免地要受到文化因素的深刻影响。传统手工艺品从一件"作品"到"产品",是将传统手工艺品从制作一件作品当作"艺术品"销售的思维向"市场化"思维转换。我们在生产一件手工艺品的同时,首先需要了解市场,掌握目标群体,再有针对性地设计产品,在市场上寻求突破。如今,传统手工技艺的发展通过国家扶持、非物质文化遗产的传承保护、文化产业的相关政策、旅游业的市场带动等途径,取得了一些可喜的成绩,在传统工艺可持续发展的道路上,未来还有很多可能性。

近年来以名人、设计师牵头,以跨界合作共同进行资源整合,推动传统工艺发展,为传统工艺发展注入了活力,通过品牌的建立,产品设计的优化及市场推广以及设计师与传统手工艺人及消费者有效连接,促进了行业的发展。

2016年8月29日,中国原创设计代表品牌"看见造物"携手京东众筹与太火鸟,发起"民艺复兴,看见初心"行动,旨在以"为手艺人代颜"为视角,通过覆盖互联网、设计、艺术、金融等公共领域的品牌影响力,让更多人支持传承中国传统工艺与匠人文化,为手作传承寻找现代社会的新生。

占据社会主流的新中产阶级,主导了当下消费升级的风口。花钱消费,不再是单纯的购买行为,人们希望感受到的是价值认同和共通的品牌气质,注重生活美学体验。"为手艺人代颜"将那些熟悉又陌生的精湛工艺及传承人故事重新呈现到公众视野当中,在传统文化与现代生活之间达成精神共鸣。

著名音乐家朱哲琴2009年参加联合国"世界看见——中国少数民族文化保护与发展亲善行动",并在2012年团结匠人、设计师、产业人士延伸出"看见造物"的品牌愿景,继而推出"看见民生——中国新品质"的当代生活产品系列,以手作与设计结合制造原创生活产品,获得市场追捧购买,让弥足珍贵的手工匠人获得更多的认同,其产品得到更有力的推广。同时将销售10%利润捐助给"世界看见——1+5民族文化传承计划",以所在地1名老传承人带5名年轻人的方式传承民间手工艺的模式,切实支持保护部分中国传统工艺。[①]

除此之外,还有由设计师蒋琼耳与法国爱马仕集团携手创立的当代高尚生活品牌"上下"。以"家"为原点,"上下"的每一件作品都呈现当代设计、中国文化以及最上乘的品质,演绎绚烂而平淡的现代雅致生活。"上下"品牌的产品将中国传统元素与当代设计充分结合,通过"家"的概念打造家居、服装等产品,有竹编、陶器、瓷器等。

在传统工艺振兴过程中,还有不少通过资源整合促进当地传统工艺发展的例子。例如,重庆的壹秋堂夏布坊,依托重庆荣昌夏布制造技艺这一国家级非物质文化遗产项目,从原料加工到成品设计,从简单的布料到加工复杂的工艺品,涉及家居产品、服装、日用品、纪念品等多个方面,将夏布的文化、艺术、实用价值极致发挥,也成为荣昌的一张名片。产品贴近生活,关注普通消费人群,这是资源整合与创意设计为传统工艺发展注入的希望。

同样的例子还有,在杭州的"From余杭融设计图书馆",图书馆为非营利组织。图书馆分为四部分,第一部分是中国传统材料图书馆,把历年对传统手工艺的研究,对材料的解构与分解,陆续进行整理,在图书馆向设计师公开。为整个图书馆的基础和核心,在此基础上推出一系列的设计衍生活动,继续推广中国传统

---

①京东众筹、太火鸟、看见造物联合做公益,"为手艺人代颜"获百位名人公开支持,http://www.ccidnet.com/2016/0830/10176608.shtml

材料研究与应用;图书馆第二个部分,是设计图书,由100位设计师推荐和捐赠的书籍组成;第三部分是设计概念店;第四部分为设计展空间。通过设计图书馆这个载体,将余杭周边的传统工艺进行推广,起到了良好的作用。

这些项目,将中国传统元素与当下审美相结合,挖掘传统内涵,值得借鉴和思考。在传统手工艺的传承与发展过程中,以文化品牌的产品形式面向消费人群,找准市场定位,将品牌化建设与创意设计结合,通过对产品本身及周边产品的设计,创造出符合社会审美观和功能需求的产品,使传统手工艺产品融入日常生活,充满生机。

中国现代学制文学教育中的杜甫形象*

刘明华

刘明华(西南大学文学院，重庆市北碚区，400715)

【摘要】杜甫作为诗圣的地位在宋以后确立并不断得到强化。杜甫作为伟大诗人的形象在现代社会最终确立。杜甫的形象和地位为国民广泛认知，与现代学制中的文学教育密不可分。本文从官方教学大纲对教育的指导作用及对文学史书写和语文课文入选的影响几方面，探讨杜甫的形象在文学教育中的呈现。杜甫的形象在20世纪的定位，受到特定的时代背景和学术思潮的影响。官方教学大纲的制定受到学术思潮的影响，进而影响到文学教育，最终确立了伟大诗人在国民心目中的崇高地位。

【关键词】现代学制；文学教育；杜甫

学界对20世纪以前历代杜诗学研究投入了大量精力，成果斐然。自20世纪末以来，学界对20世纪杜诗学发展已有所关注，林继中《百年杜甫研究回眸》[①]，张忠纲、赵睿才《20世纪杜甫研究述评》[②]和刘明华《现代学术视野下的杜甫研究——杜甫研究百年回顾与前瞻》[③]，是学界对20世纪杜诗学的几篇代表性专论。近几年，又有吴中胜《杜甫批评史研究》[④]与赵睿才《百年杜甫研究之平议与反思》[⑤]等著作，将研究不断推进与深化。百年杜诗学的关键词是"现代"，从社会、文化、制度，到方法、态度、标准的现代转向，让这一时期的杜诗接受、杜甫研究有了独特的价值。而现代学制与教育正是集中传播现代文明成果，建构现代知识体系，培养现代学术观念的重要一环。从这一角度审视杜甫其人其诗的论著尚未出现。杜甫千年"诗圣"的地位在百年现代化的文学教育中是如何呈现的？这是本文探讨的内容。

一、文学与音乐：杜甫进入现代教育之始

本文所谓"文学教育"，即现代学制中的小学、中学和大学中的文学史和语文课的教育。从课程上看，主要包括中小学阶段的语文课程与大学阶段的中国文学史课程。以往的语文课程研究者，主要关注点在中小

*本文为国家社会科学基金项目"历代论杜诗文整理研究"(项目编号13BZW90)，国家语委重大项目"中华经典诵读教育与语文素质、语文教育、弘扬中华优秀传统文化相关研究"(项目编号ZDA125-3)，教育部规划项目"杜甫评论资料整理与研究"(项目编号11YJA751048)的阶段性成果。博士生王飞、硕士生刘敏锐、唐瑞参与了资料收集整理工作；罗晨对本文写作贡献尤大，特致谢忱。

① 林继中.百年杜甫研究回眸[J].河北大学学报(哲学社会科学版),1999(2):5-8.
② 张忠纲,赵睿才.20世纪杜甫研究述评[J].文史哲,2001(2):13-21,127.
③ 刘明华.现代学术视野下的杜甫研究——杜甫研究百年回顾与前瞻[J].文学评论.2004(5):156-161.
④ 吴中胜.杜甫批评史研究[M].北京:中国社会科学出版社,2012.
⑤ 赵睿才.百年杜甫研究之平议与反思[M].北京:人民出版社,2014.

学阶段的语文课程及其教材,而文学史学研究者,大多又将注意力放在大学的文学史课程及其教材。其实,二者均是中国文学教育的重要部分,且拥有一个共同的起点:癸卯学制。

与如今杜甫及其作品频繁出现在小学、中学和大学的课堂不同,从1904癸卯学制的颁布,到中华民国,杜甫在此时期的文学教育中处于边缘地位。这个时期的中小学国文教材,完全没有杜甫作品。而作为大学教材的中国文学史著作,也并未给杜甫留有太多空间。完成于1904年的国人自著第一部中国文学史——林传甲《中国文学史》,这部严格按照《奏定大学堂章程》规定写作的文学史,关于杜甫的书写,大致集中于"李杜二诗人之骈律"一节,集中对杜甫的书写,不过一百余字①。稍后完成的篇幅数倍于林著的黄人《中国文学史》,除了对杜甫生平简要介绍,选诗若干外,再无其他。②究其主要原因,在于当时对"文学"的理解与后来不尽相同。在这方面,文学史学的研究者以"宽泛庞杂"③甚至"混乱"④评价,认为"一读之下,往往留下的似乎只是庞杂纷乱的印象"⑤。正因涉及范围颇广,所以无法详尽深入。大学尚且如此,更何况中小学。考察1904年颁布的《奏定初等小学堂章程》《奏定高等小学堂章程》与《奏定中学堂章程》,涉及文学教育的实为"读经讲经"与"中国文学"两门课程。"读经讲经"课程,"《孝经》、四书、《礼记》节本为初等小学必读之经"⑥,"《诗经》《书经》《易经》及《仪礼》之一篇为高等小学必读之经"⑦,而中学则读《春秋左传》及《周礼》两部"⑧。而所谓"中国文学"课程,高等小学"即教以作文之法(详见初级师范学堂章程),兼使学作日用浅近文字"⑨,中学则"年已渐长,文理略已明通,作文自不可缓。"⑩可见,当时的文学教育,一重儒家经典,二重作文,似与诗歌无涉,故中小学国文教材中,完全不见杜甫的作品。

当时的中小学教育并非完全与诗歌绝缘。在初、高等小学堂章程"学科程度及编制章第二",中学堂章程"学科程度章第二"中都有"中小学堂读古诗歌法"一项,且内容完全相同。但此项并不在"教授科目"之"完全学科"中,甚至不能并列于"加授科目"之"图画""手工"等"随意学科",连今天的"选修课"都谈不上。推荐"读古诗歌法",只为"倦怠之时"的课间调剂:

> 外国中小学堂皆有唱歌音乐一门功课,本古人弦歌学道之意;惟中国雅乐久微,势难仿照。然考王文成《训蒙教约》,以歌诗为涵养之方,学中每日轮班歌诗;吕新吾《社学要略》,每日遇童子倦怠之时,歌诗一章,择浅近能感发者令歌之。今师其意,以读有益风化之古诗歌列入功课。⑪

诗歌进入现代教育之初,扮演的竟是替代音乐的角色("壬戌学制"后始开设音乐课),其作用仅在于教师可临时安排空隙时间,调剂气氛,提振精神,并期冀"养其性情""抒其肺气"与"和性忘劳"。通过"歌诗",即"通于外国学堂唱歌作乐"的吟诵古诗,来"养性""和性"的观念,应是礼乐教化传统的深刻影响,颇有现代艺术教育、美育或人文教育的意味,只不过其重视程度几乎可以忽略不计,因不像"完全学科"那样有时间保证和程度要求。即使提倡抽时间"歌诗",诗歌在教学中的重要性也远不及文章,学生只需读《古诗源》《古谣

① "杜甫之文,如《画马赞》之类,四言雅炼,虽不足以比《两京》,视六朝则有过之矣。然六朝徐庾诗歌,已多偶俪,亦如汉魏散文中之骈语耳。唐初五言七言之律体,犹未纯一,至于杜甫,上薄风骚,下赅沈宋,言夺苏李,气吐曹刘,掩颜谢之孤高,杂徐庾之流丽,而后律诗与古诗别行,亦犹骈文与散文别行也。"见林传甲.中国文学史[M].[出版地不详]:武林谋新室 1910:205.
② 黄人.中国文学史[M].上海:国学扶轮社,约1910.
③ 董乃斌,陈伯海,刘扬忠.中国文学史学史(第2卷)[M].石家庄:河北人民出版社,2003:8.
④ 罗云锋.现代中国文学史书写的历史建构——从清末至抗战前的一个历史考察[M].北京:法律出版社,2009:2.
⑤ 戴燕.文学史的权力[M].北京:北京大学出版社,2002:8.
⑥ 奏定初等小学堂章程[M]//编纂出版委员会.中国教育大系•历代教育制度考(下).武汉:湖北教育出版社,1994:1850.
⑦ 奏定高等小学堂章程[M]//编纂出版委员会.中国教育大系•历代教育制度考(下).武汉:湖北教育出版社,1994:1856.
⑧ 奏定中学堂章程[M]//编纂出版委员会.中国教育大系•历代教育制度考(下).武汉:湖北教育出版社,1994:1868.
⑨ 奏定高等小学堂章程[M]//编纂出版委员会.中国教育大系•历代教育制度考(下).武汉:湖北教育出版社,1994:1856.
⑩ 奏定中学堂章程[M]//编纂出版委员会.中国教育大系•历代教育制度考(下).武汉:湖北教育出版社,1994:1868.
⑪ 奏定初等小学堂章程[M]//编纂出版委员会.中国教育大系•历代教育制度考(下).武汉:湖北教育出版社,1994:1852.

谚》《乐府诗集》及唐宋五七言绝句即可,而特别指出的竟是小学"万不可读律诗","万不宜作诗,以免多占时刻。"①从"中小学堂读古诗歌法"的相关内容,反观此时期的"文学"观念和"文学教育",不仅更加证明了当时"文学"观念的陈旧,还反映出诗歌为当时的"文学教育"所冷落和歧视。回到杜甫,诗歌既非官方指定的"完全学科"(必修课),又没有规范的教材,也许在"歌诗"时,某位喜欢杜诗的教师最多会让学生诵读几首杜甫的绝句,但杜诗中成就最高的律诗在课堂上却"万不可读"。

民国成立之后出版的中小学国文教科书(如初版时间为1912年的《共和国教科书新国文》等),开始收入诗歌,杜诗也正式进入到中小学中国文学教育课堂。在文学史著作方面,随着文学观念与文学史写作的逐渐成熟,文学史中的杜甫部分开始出现反映时代特色,具有独立见解,并产生深远影响的论述。由此,在风起云涌的20世纪社会思潮影响下的中国文学教育中,杜甫以不同以往的各式面貌出现,成为杜诗接受史与阐释史上的颇具特色的一幕。

二、非战、情圣与人民性:杜甫思想的接受与阐释

(一)"非战"精神与"人道"主义

19世纪末至20世纪上半叶,中国面临列强侵略、军阀割据的局面。中国人民遭受了空前的灾难。在此背景之下,由西方逐渐兴起的"非战小说"的文学热潮及"人道主义"的社会思潮,通过洪深、周作人等"五四"时期的一批翻译家,将其"非战"精神与"人道"主义借由文学作品和理论著作的翻译引入国内。如在世界范围内产生很大影响的德国作家雷马克的小说《西线无战事》,在中国曾掀起"抢译"热潮②。早在《新青年》时期的周作人,便译介了许多国外的"非战"文学。如其翻译新希腊作家 Argyris.Ephtaliotis 的《扬拉奴媪复仇的故事》时,"通过直译的方式译介故事,其作品本身在审美上缺乏文学艺术价值,但完整的故事情节,可以清晰地传达出强烈的非战意识与人道主义精神。"③周作人还翻译了许多俄国的"非战"文学作品,他认为:"俄国从前以侵略著名,但是非战的文学之多,还要推他为第一……俄国文人努力在湿漉漉的抹布中间,寻出他的永久的人性;中国容易一笔抹杀,将兵或官僚认作特殊的族类。"④由此可见,"非战"精神与"人道"主义这一世界潮流,在中国当时的社会历史背景中持续发酵,在文学界和思想界均产生了相当大的影响,以至国民政府官方编写的首部教科书,也收入了许多"非战"作品。

第一次将杜诗选入语文课文的中小学教材是于1912年1月出版的《中华高等小学国文教科书》,而所选的《出塞》⑤,即为著名的"非战"诗。同时,据笔者统计⑥,民国时期入选中小学课文及读本最多的杜诗为《石壕吏》(27次)。此外,入选次数最多的四首(组)杜诗,分别还有《茅屋为秋风所破歌》(18次)、《兵车行》(16次)、《闻官军收河南河北》(9次)、《出塞》(8次)。其中《石壕吏》《兵车行》《出塞》是典型的"非战"诗,而《闻官军收河南河北》表达的是战争胜利结束的狂喜,仍有明显的"非战"意味。若单独统计"三吏""三别"两组最著名的"非战"诗,则共计52次。其中"三吏"诗38次(《石壕吏》(27次)、《新安吏》(7次)、《潼关吏》(4次)),"三别"诗14次(《无家别》(7次)、《垂老别》(4次)、《新婚别》(3次))。此外,还有《羌村》(5次)、《春望》(3次)、

① 奏定初等小学堂章程[M]//编纂出版委员会.中国教育大系 ● 历代教育制度考(下).武汉:湖北教育出版社,1994:1852.

② 罗执廷.雷马克的《西线无战事》与民国时期的非战/尚战话语[J].中国现代文学研究丛刊,2014(10)140-151.

③ 张妍.从"非战小说"翻译看启蒙人道主义——周作人《新青年》译作评析[J].文艺争鸣,2012(11):70-72.

④ 张春田.讲坛上的中国——民国人文讲演录[M].南京:南京大学出版社,2015:262-264.

⑤ 杜甫有组诗《前出塞》九首与《后出塞》五首,该课本选了《前出塞》中的《其三》(磨刀呜咽水)、《其六》(挽弓当挽强)、《其八》(单于寇我垒),《后出塞》中的《其一》(男儿生世间)、《其二》(朝进东门营),共5首,统名为《出塞》。

⑥ 本文相关统计数据,主要依据北京师范大学图书馆、重庆图书馆所藏中华人民共和国成立前的中小学和师范学校各年级语文教材及读本(近500种)。

《同谷七歌》(3次)、《哀江头》(1次)、《喜达行在所》(1次)、《自京赴奉先县咏怀五百字》(1次)等大量杜甫的"非战"诗入选民国时期中小学语文教材与读本。

尽管由于杜甫历经"安史之乱","非战"诗是杜诗中较为突出的主题,但大量"非战"的杜诗入选,显然也与清末民国时期动荡的社会历史背景密切相关。以"三吏""三别"这两组最著名的"非战"诗为例,在基本告别战争、相对稳定的1949年后至今,除《石壕吏》外,其余五首诗几乎在中小学语文教材中完全消失。其他一些之前入选频率本来就不高的"非战"诗,诸如《同谷七歌》《哀江头》《喜达行在所》《自京赴奉先县咏怀五百字》等,自然不再进入中小学课文。在大学中文系教材中,这些作品基本保留,见出其影响的深入和持续。虽然,这并不表示当代享受安定社会福祉的中国人,不再需要杜甫的"非战"诗,也不表示当代中国的中小学教育对杜甫"非战"诗的漠视,但通过杜甫"非战"诗在中小学课文入选的变化,能看到在当时社会境况下的中国政府、学者和民众,通过教育在传达怎样的社会意愿和诉求。杜甫"非战"诗的入选与社会现实的关联,还可以从中小学教材对其他课文的选择中得到印证。除了杜甫"非战"诗外,民国时期还有许多教材课文与读本选文都能反映出当时的社会状况,如《侯将军奋勇剿倭寇》、苏轼《教战守策》、黄遵宪《军中歌》、《旋军歌》、孙文《<黄花冈烈士事略>序》、张謇《致日本外务大臣诘问宇治军舰闯入书》、章炳麟《书十九路军御日本事》,甚至有梁启超《<欧洲战役史论>自序》。这些课文在无外敌入侵的1949年后的和平年代教材中,都再未出现过,可见当时所选杜甫"非战"诗,或《木兰诗》《从军行》之类的战争题材作品,不仅仅具有诗歌的艺术性价值,更反映出强烈的社会需求和特定的时代审美风尚。

这股潮流同样影响了当时中国文学史的书写。在古代作家中,杜甫对于战争的坚定批判态度正好与主张"非战"和"人道"的文学史家的心灵相契合,因此,大量的文学史著作都认定杜甫是具有"非战"精神和"人道主义"的重要作家。

现存第一位在中国文学史书写中以"非战"评价杜甫的是胡云翼。胡著《唐代的战争文学》于1927年9月出版,作为一部断代分类文学史,胡著第一次对杜甫在诗歌中所表现出的"非战"精神进行了全面深入的阐述。[①]胡氏认为,与盛唐、中唐诗人的"颓废""飘逸"和"享乐"不同,杜甫在思想上具有"积极的反抗精神"和"激昂慷慨的精神",其他作者"都是离于社会人生很远的作家,他们有时虽主张非战,发为哀吟,实非亲切之感。……杜甫因为对于战的罪恶,感觉得异常亲切,他满腔愤懑不平之气,在作品里面也就尽量的迸发,而不复有含蓄委婉了。这是杜甫非战诗与其他中唐人的作品不相同的地方,同时,也就是杜甫非战诗的特色。"在艺术上,杜甫的"非战"诗具有突出的创作水平:"中唐诗人的非战诗,往往只限于断片的描写;能够作长篇的非战底叙事诗,在中唐除了白居易外,便只有杜甫。"杜甫的"非战"思想"并没有什么高奥的哲理包涵着,只是人情之常的思想。……热烈的人情之常的有普遍性的非战思想。"[②]

由于是断代分类文学史,胡云翼得以有较大篇幅展开对杜甫"非战"思想的分析,其论述成为中国文学史中杜甫"非战"思想书写的高起点。后来的文学史家虽反复论及杜甫"非战"思想,却往往止于简单介绍,难有深究。如赵景深《中国文学小史》、谭正璧《中国文学进化史》、许啸天《中国文学史解题》、蒋鉴璋《中国文学史纲》、郑作民《中国文学史纲要》、柳村任《中国文学史发凡》等。

在胡云翼等人的基础上对杜甫的"非战"思想做出深入阐发的,当推郑振铎《插图本中国文学史》。这是20世纪最重要的中国文学史著作之一。郑振铎认为:"一九一四年的欧洲大战,产生了不少的非战文学出来。安史之乱,也产生了杜甫的这些伟大的诗篇。不过甫只是替被征发的平民们说话,对于战争的本身,他

---

①在胡云翼之后,商务印书馆于1928年11月出版顾彭年著《杜甫诗里的非战思想》一书。顾著是迄今为止唯一一部以专著形式对杜甫的"非战"思想进行研究者。据顾著序言可知书稿成于1924年,其写作时间可能早于胡云翼,此著很可能为现代杜甫"非战"思想研究的滥觞。由于本文研究对象主要在于中国文学史类著作,因而对此著不作详论。

②胡云翼.唐代的战争文学[M].上海:商务印书馆,1927:31-39.

还没有勇气去直捷的加以攻击,加以诅咒。"①郑振铎此论有三点价值:其一,可知"非战文学"概念源于欧洲,他借此概念讨论中国诗人。其二,杜甫的"非战",最终指向的是"平民们",杜甫因不忍"平民"受难而"非战",这便打通了杜甫的"非战"精神与"人道"主义。其三,郑氏对杜甫"非战"诗歌未涉及战争本身还提出了批评。郑氏的批判似自相矛盾,但对思考杜甫思想中"人"与"社会"的关系有所帮助。此外,赵景深《中国文学史新编》中对李杜"非战"的论述,亦可说明文学家关注社会、关注战争的本质,仍然是对"人"的关注:"同为非战,李白也只是崇拜英雄,杜甫则蔑视将军的骄恣。"②在杜甫"非战"精神与"人道"主义之间的关系方面,日本文学史家儿岛献吉郎的《中国文学通论》说得最为明白:"非战文学,古来有二种:一从经济政策来说征战之不利,二从人道问题说妄杀伤人之不义。而诗人的非战主义,与其说前者,宁以后者为多。所以如杜甫的非战主义,是从人道上或人情上,来痛述生别死别的种种惨状。"③孙俍工《唐代底劳动文艺》亦云:"杜甫……直接地描写战争底罪恶,间接却是表现生活在这种战争底罪恶底下的劳动者底流离困苦的惨状的。"④

总之,杜甫所具有的"非战"精神,及与其紧密相关的"人道"主义是杜甫思想在20世纪前期的重要"发现",杜甫思想的这一时代阐释逐渐成为后来读者和批评家们的共识,并通过文学教育,为广大的民众所接受。

(二)"情圣"杜甫

为杜甫冠以"情圣"的徽号,始于梁启超⑤。关于"情圣"杜甫论提出的背景,周生杰认为:"从情感的角度来论诗是我国古代诗论的一贯做法。……梁启超对杜甫冠以'情圣'的称号,注重从诗人的主体感受来论诗,是对陆机、钟嵘诗歌理论的继承。"⑥而吴中胜认为:"从'诗圣'到'情圣'的转变,多少受新文化新思潮的影响。这一时期的文化价值观更加重视个体的生命和价值。"(吴中胜《杜甫批评史研究》,第300页)"情圣"论背后或许有传统诗论的影响,但促使"情圣"论提出的直接力量,显然是当时活跃的社会文化思潮。

"情圣"杜甫论提出已近百年,其影响力相较于传统的"诗圣""诗史",存在很大差距。在为数不多的梁启超"情圣"杜甫论研究中,论者往往着力于介绍梁启超提出"情圣"杜甫论的个性因素、时代因素,围绕梁启超自己提出的"情感的内容"与"表情的方法"两方面阐述"情圣"杜甫论的具体内涵等层面⑦。以往对梁启超"情圣"杜甫论的研究,都一致认为"情圣"的徽号内涵深刻,地位重要,意义重大,但都未提及梁启超此论之影响。偶有学者提及此现象,也推断"可能是晚年的梁启超专心著述,其言论远不如改良运动时期影响之广,'情圣杜甫'说在当时学坛也影响有限。"(吴中胜《杜甫批评史研究》,第306页)事实上,得出这种判断的原因是论者目光只集中在文学研究论著而忽略了当时中国文学教育(载体即中小学语文教材和中国文学史著作)这一重要领域。

作为与时代相契合的重要学术成果,"情圣"杜甫论显然受到了学界的重视,并影响了当时的文学教育。从笔者掌握的民国时期中小学教材中,就有三种选入了梁启超《情圣杜甫》一文,分别为:姜亮夫、赵景

① 郑振铎.插图本中国文学史[M].北京:朴社,1932:437-438.
② 赵景深.中国文学史新编[M].上海:北新书局,1936:87.
③ 儿岛献吉郎.中国文学研究[M].胡行之,译.上海:北新书局,1936:179.
④ 孙俍工.唐代底劳动文艺[M].上海:亚东图书馆,1932:45.
⑤ 梁启超.情圣杜甫[M]//梁任公学术演讲集(第一辑).上海:商务印书馆,1922:81-107.
⑥ 周生杰.诗是吾家事 人传世上情——梁启超论"情圣"杜甫[M].杜甫研究学刊,2005(1):58-62,68.
⑦ 如《杜甫研究学刊》2005年第1期刊周生杰《诗是吾家事 人传世上情——梁启超论"情圣"杜甫》一文,以"'情圣'杜甫'的提出"、"'情圣'杜甫的情感内涵"和"'情圣'杜甫的写情方法"三部展开研究。又如《中国韵文学刊》2010年第2期刊章继光《寻求传统与现代审美的结合——谈梁启超对屈原、陶渊明、杜甫三大诗人的研究》一文,作者认为:"这篇文章有两点值得重视的地方。一是对杜甫的评价表现出特别的眼光,二是对杜诗中情感热烈的推崇。"又如吴中胜《杜甫批评史研究》第五章第二节"梁启超论情圣杜甫",以"发扬蹈厉之气尤缺""情感丰富、真实、深刻"和"能鞭辟到最深处"三方面进行阐释。

深编《初级中学北新文选》第六册(1931年7月由上海北新书局出版),赵景深编《初级中学混合国语教科书》第六册(1932年5月由上海北新书局出版),马厚文编《标准国文选》第三卷(1935年8月由上海大光书局出版),三种皆为初中语文教材。这几种教材在当时都颇具影响力,"情圣"杜甫论的影响之大由此可见。

在文学史方面,梁启超《情圣杜甫》的讲稿于1922年正式出版,很快便在学界产生了影响,"情圣"杜甫论至迟于1925年9月泰东图书局出版的谭正璧著《中国文学史大纲》中产生影响,谭氏在书中提出:"他的诗大半是写他的遭遇,而于当时兵乱情形,如描如刻,对于家庭离散,隐痛深创,发于至情。梁任公曾称之曰'情圣杜甫',甚确甚确。"①谭正璧对杜甫的评价正合乎梁启超对杜甫情感内容"极丰富""极真实"和"极深刻"的评价,并连用两个"甚确"表达对梁启超"情圣"杜甫论的高度认可。此外,龙沐勋《中国韵文史》在介绍杜甫之徽号时有云:"近人梁启超,且有'情圣杜甫'之目。谓杜甫为'诗圣',盖古今无异辞矣。"②以梁启超之"情圣"作为近代杜甫评价之代表,与古人"诗圣"之评价对举,亦可见龙先生对"情圣"杜甫论之肯定与重视。

除了对梁启超"情圣"杜甫论的引述与简单肯定外,文学史家还在梁氏之论的基础上继续发展。梁乙真《中国文学史话》云:"他为诗以意为主,以独造为宗,以奇拔沉雄为贵。其妙处,咏之使人慷慨激烈,歔欷欲绝,故有称为'情圣'的。"③梁氏不但提出杜诗之"妙处"在乎"情",并且从吟咏的角度提出了"情圣"的意义,即实现了"情圣"杜甫论从诗歌创作者向诗歌接受者面向阐释的开拓。龙沐勋亦并未止步于简单介绍梁氏"情圣"杜甫论,其对"情圣"的阐释更有发明:"其五言古体,如《北征》、《奉先咏怀》、'三吏'、'三别'诸作,并能注意民生疾苦,表现当世社会实在情形,可泣可歌。至《茅屋为秋风所破歌》之末段:安得广厦千万间,大庇天下寒士俱欢颜,风雨不动安如山。呜呼! 何时眼前突兀见此屋,吾庐独破受冻死亦足! 悲壮热烈,真有'释迦基督担当人世罪恶之意'(借用王国维评李后主词句),甫之所以为'情圣'者以此。"(龙沐勋《中国韵文史》,第48页)龙先生此论实现了"情圣"杜甫论的双重拓展。其一,具体阐释了以"情""圣"者,不限于文体,杜甫与李后主各擅诗词,却可因"情"而争锋。其二,将"情圣"之"圣"从文学之境升华至宗教之境,将杜甫之崇高推至与宗教教主一般至高无上之地位,这无疑大大超出了梁启超"情圣"杜甫论的原始定位,是"情圣"杜甫论的重要发展。

杜甫之"情"的"再发现",与新文化新思潮密切相关。梁氏之"情圣"杜甫论,在学界产生巨大影响。无论是编写中小学教材的姜亮夫、赵景深、马厚文,还是编纂文学史的谭正璧、龙沐勋、梁乙真,他们都是学坛重要的文学教育家和古典文学研究者。可见,"情圣"杜甫论不但得到了当时学界的认可,还借由学者编著的教材,进入到中学、大学的文学教育中,为数以万计的中学、大学生所接受。这才是"情圣"杜甫论在当时传播与接受的历史真相。任何一个学术概念的提出,都要经过历史的检验,并随着时间的推移逐渐发展完善。"情圣"杜甫论提出至今,尚未满百年,而杜甫"诗圣"论和杜诗"诗史"说的成熟丰富是建立在千百年的阐释接受史基础之上的。"情圣"杜甫论在学者的开拓与发展中已初具规模,对其丰富内涵的进一步阐释与挖掘,则有待今人与来者之努力。

(三)杜甫的"人民性"

"人民性"这一源于苏俄,并与当时中国文艺思想契合的概念,逐渐成为思想界、文艺界的共识,成为1949年以后至今,学界评价文艺作家及其作品思想性的重要标准之一。在20世纪80年代以前,"人民性"几乎是对作家作品的最高评价标准。作为中国文学史上最重要的诗人,杜甫在20世纪50年代被冠以"人民诗人"的桂冠,杜甫的"人民性"成为当时杜甫思想研究的主要课题,亦有许多探讨杜甫"人民性"的学术成果问

---

①谭正璧.中国文学史大纲[M].上海:泰东图书局,1925:73.
②龙沐勋.中国韵文史[M].上海:商务印书馆,1934:47.
③梁乙真.中国文学史话[M].上海:元新书局,1934:152.

世。①当时政治状况,对学术界,同时亦对教育界产生了重大影响,"政治正确"成为学术与教育的绝对前提。因此,杜甫具有"人民性"的论断被顺理成章地写入由教育部组织撰写的,具有"指导意义"的《中国文学史教学大纲》(下简称《大纲》)中:

(1)杜甫诗歌的重要意义,首先在于具有强烈的政治性与丰富的社会内容。他对黑暗的政治现象与社会现象采取了不调和的斗争。他真实地揭露了封建政治的腐朽本质,深刻地反映了阶级矛盾,广泛地反映了人民的生活和愿望。(如《丽人行》、《兵车行》《赴奉先咏怀》、"三吏三别"、《羌村》、《岁晏行》等作。)

(2)爱国热情的发扬。(如《春望》《悲陈陶》《北征》《闻官军收河南河北》等作。)

(3)人道主义精神的表现。(如《茅屋为秋风所破歌》《蚕谷行》《缚鸡行》等作)。(第五章第三节"杜甫诗歌的人民性")②

这部出版于1957年,经由专家起草、征求意见、重新修改、教育部讨论、再次修改、最后讨论通过的,作为"综合大学中国语言文学系汉语言文学专业"教材编写依据的指导大纲,对诗人杜甫做了一个政治判断:杜诗的意义在于其政治性和社会性,在于爱国与人道主义。从此,杜甫在大学课堂上,便成了一位"政治正确"的反封建爱国诗人。

《大纲》对文学史编纂的影响很快显现出来。在北京大学中文系文学专门化1955级集体编著,出版于1958年的《中国文学史》中,就以上述三方面论述杜甫诗歌的人民性。③同时,在出版于1959年,标榜"基本上是重写过的,论点方面有许多改进,内容也比较丰富"(北京大学中文系文学专门化1955级集体编著《<中国文学史>前言》,第1页)的该书修订版中,对杜甫诗歌的人民性的书写,仍然与《大纲》保持了高度一致。这部文学史,既是学生的学术成果,又是北大中文系的教学成果,充分反映了《大纲》对当时的大学文学研究与文学教育的双重影响。

在《大纲》的限定下,杜甫思想研究成了"命题作文"。在当时为数不多的中国文学史著作中,"文章"作得最好的,当属出版于1963年游国恩等主编的《中国文学史》。游国恩是《大纲》制定者之一,因此他既是"命题者",又是"作文者"。游版《中国文学史》对杜甫"人民性"的书写有两个主要特点:

其一,编写严格执行《大纲》要求。"对人民的无限同情""对祖国的无比热爱""对统治阶级的各种祸国殃民的罪行也必然是怀着强烈的憎恨"④是游版《中国文学史》中杜甫"人民性"的三大特征,其与《大纲》中的三点完全一致。值得注意的是,萧涤非是游版《中国文学史》的编者之一,实际上游版《中国文学史》"伟大的现实主义诗人杜甫"一章,是由萧涤非一篇发表于《诗刊》1962年第2期的文章——《人民诗人杜甫》一文修订改写而成。游版与北大版《中国文学史》共同反映了《大纲》不仅规定着大学课堂的教学内容,对学术研究同样具有相当的影响力。

其二,对"人民性"的开拓。游版《中国文学史》在《大纲》规定的内容之外,提出:"除上述三方面这些和当时政治、社会直接有关的作品外,在一些咏物、写景的诗中,也都渗透着人民的思想感情。比如说,同是一个雨,杜甫有时则表示喜悦,如《春夜喜雨》……即使是大雨,哪怕自己的茅屋漏了,只要对人民有利,他照样是喜悦:'敢辞茅苇漏,已喜禾黍高。'(《大雨》)但当久雨成灾时,他却遏制不住他的恼怒:'吁嗟乎苍生,稼穑不可救。安得诛云师,畴能补天漏!'(《九日寄岑参》)可见他的喜怒是从人民的利益出发,以人民的利益为转移的。"从杜甫写景、咏物诗中见出"人民性",无疑拓宽和深化了"人民性"的阐释。同时,对《春夜喜雨》这类杜甫轻松主题诗歌的"发现",还得益于反侵略战争取得胜利和国内战争基本结束,安定祥和的社会生活

①赵睿才.百年杜甫研究之平议与反思[M].北京:人民出版社,2014.
②中华人民共和国高等教育部.中国文学史教学大纲[M].北京:高等教育出版社,1957:97.
③北京大学中文系文学专门化1955级.中国文学史[M].北京:人民文学出版社,1958.
④游国恩,王起,萧涤非.中国文学史(二)[M].北京:人民文学出版社,1963:419-422.

开始出现。据笔者统计,《春夜喜雨》在民国时期的课文中一次未选,在新中国的中小学语文教材中,至少出现了六次①。此外,《春夜喜雨》命运的改变,还可能与始于1959年的"关于语文教学目的和任务问题的讨论"(文道之争)。这场讨论对文学教学中"政治挂帅"造成的弊端进行反思,在确保"道"(政治)的前提下,提升了"文"的地位。《春夜喜雨》便凭借优美的文辞,与被"发现"的"人民性"成为了杜诗在中小学课文中的重要代表作。由于1949年后,中小学教材统一由国家编写,加之《大纲》对大学文学教育的规定,"人民诗人"在这几十年间成为最为民众所熟知的对杜甫的评价。

然而,杜甫的"政治正确"并未持续太久。在当时的政治评价中,杜甫尚有"原罪",这一点,也是由《大纲》确定的:"杜甫出身于悠久传统的官僚家庭……在那种不合理的封建政治制度下,在广大人民的穷苦生活的亲身体验中,杜甫逐步改变了自己的阶级感情,更加靠拢人民。"(《中国文学史教学大纲》,第96页)尽管《大纲》在当时阶级论的框架内,最大程度地肯定了杜甫,但领导人的好恶与政治环境的变化很快夺去了杜甫"人民诗人"的桂冠。"文革"期间,出版于1971年的郭沫若《李白与杜甫》和修订于1976年的刘大杰《中国文学发展史》,对杜甫的扭曲,为千余年来罕见。它们固然是那个时代学术的悲哀,但今人在批判它们偏颇观点的同时,更应当深刻反思,将政治标准凌驾于文学标准之上,或缺少学术独立思考的文学研究与教育,会给文化传承带来怎样的后果。

三、白话与写实——杜诗艺术的时代评价

(一)"平民"的"白话"

白话文运动是中国二十世纪影响最为深广的革新运动之一,其对中国语言、中国文学乃至中国文化都产生了巨大的影响。白话文运动的先锋、主将,如陈独秀、胡适、鲁迅等,作为先进的思想者和学界的精英,对当时国家的文化教育政策方向都具有影响力。

在20世纪前期众多的文学史著作中,以"白话"名世者,首推胡适《白话文学史》,其中对杜甫的书写亦受到杜诗学界的关注②。

以写作时间论,最早以"平民"的"白话"评价杜诗的文学史著作为胡适《国语文学史》,以出版时间而论,则为凌独见《国语文学史纲》③。至于后来胡适所著,并于1927年出版的产生重大影响的《白话文学史》,实迥异于《国语文学史》④。

胡适是白话文学的先锋,其《国语文学史》必然坚持"白话"立场,而凌独见的"白话"立场亦十分鲜明。

---

① 1961年人教版初级中学语文教科书第三册、1963年人教版初级中学语文教科书第一册、1982年人教版初级中学语文教科书第三册、1987年人教版初级中学语文教科书第三册、1993年人教版初级中学语文教科书(试用本)第四册。2006年选入小学六年级上册综合性学习单元的诗歌阅读材料。

② 如吴中胜《杜甫批评史研究》第五章第一节"杜甫诗歌在'五四'前后的命运"中,论及"白话"部分,几乎全以胡适《白话文学史》为例,论述甚详。

③ 以正式出版时间而论,最早以"平民"的"白话"评价杜诗的文学史著作是出版于1922年凌独见所著杭州寿安坊排印之《国语文学史纲》,该著次年又于上海商务印书馆出版,更名为《新著国语文学史》。凌独见在《国语文学史纲•自序》中提及"《国语文学史》胡适之先生已编到十四讲了"。胡适《国语文学史》直至1927年才由北京文化学社正式出版,据黎锦熙《代序》知胡适此著写作时间1921年11月至1922年1月,后经改定、增补于1927年出版,并标明"重印胡适国语文学史讲义"。

④ "胡适原先想彻底修改《国语文学史》一书,但几年中新发现了很多文学史料,有些新史料甚至推翻了原先的某些论断,如该书断定唐朝一代的诗,由初唐到晚唐,是一段逐渐白话化的历史,而据新发现的敦煌石窟的唐五代写本的俗文学,可见白话化要比设想的早几百年。这需要对《国语文学史》进行大改动,于是胡适索性把原稿全部推翻,重写后定名为《白话文学史》。"(付祥喜:《20世纪前期中国文学史写作编年研究》,北京师范大学出版社2013年版,第236页。)因此,吴中胜所谓:"1921年,作为新文学运动的主将,胡适趁任教于教育部第三届国语讲习所的机会撰写了《白话文学史》,全面地阐述他的文学思想。"(吴中胜:《杜甫批评史研究》,中国社会科学出版社2012年版,第289页。)实际是将《国语文学史》误认作了《白话文学史》。

胡适认为整个唐代文学具有"白话化"的倾向，并指出："杜甫是唐朝的第一个大诗人，这是我们都可以承认的。但杜甫的好处，都在那些白话化了的诗里，这也是无可疑的。杜甫是一个平民的诗人，因为他最能描写平民的生活与痛苦。但平民的生活与痛苦也不是贵族文学写得出的，故杜甫的诗不能不用白话。"①与凌独见在《国语文学史纲》之后并未继续文学史写作不同，胡适在数年后出版的新著《白话文学史》中，对《国语文学史》中的许多论述进行了修正、深入和发展。在杜诗语言上，胡适在"白话"基础上更进一步，强调杜诗中的"打油诗"与"小诗"的艺术价值。

胡适认为"打油诗"是"白话"诗的重要来源之一，"白话诗多从打油诗出来……杜甫最爱作打油诗遣闷消愁，他的诗题中有'戏作俳谐体遣闷'一类的题目。他做惯了这种嘲戏诗，他又是个最有谐趣的人，故他的重要诗(如《北征》)便常常带有嘲戏的风味，体裁上自然走上白话诗的大路。……后人崇拜老杜，不敢说这种诗是打油诗，都不知道这一点便是读杜诗的诀窍：不能赏识老杜的打油诗，便根本不能了解老杜的真好处。"②与传统上认为的文字粗率，格调俚俗，常含贬义的"打油诗"截然不同，胡适在此所强调的"打油诗"，是笔调轻松诙谐，颇具艺术价值的诗歌类别。凌独见在《国语文学史纲》的杜甫书写中亦曾论及"打油诗"："常人做诗，好像打油，着实费力，你看子美的诗，好像说话，随手写来，都成好诗，常人之所以为常人，子美之所以为子美，不同的地方，就在这一点，子美的诗真好！"③凌独见认为"打油诗"笨拙费力，无甚价值，是杜诗的反面；胡适却认为"打油诗"轻松诙谐，颇具价值，是杜诗的真趣。二人分歧的根本其实不在对杜诗艺术特质的判断(凌、胡都认为杜诗有轻盈妙造之趣)，而是对"白话"界定的不同：凌独见的"白话"诗定义，未包含"打油诗"，因此其论述继承了一般对"打油诗"的贬斥态度；胡适为扩大"白话"诗的边界，追踪至"打油诗"，并尊其为"白话"诗之渊薮，因此鼓吹"白话"诗的胡适，必然对"打油诗"倍加称赞。认定"这种打油诗里的老杜乃是真老杜"。(胡适《白话文学史》，第292页)

"打油诗"是"白话"诗在笔调上的发展，"小诗"则更多表达了"白话"诗在诗体上的主张。胡适推崇杜甫的"小诗"："晚年的小诗纯是天趣，随便挥洒，不加雕饰，都有风味。这种诗上接陶潜，下开两宋的诗人。因为他无意于作隐士，故杜甫的诗没有盛唐隐士的做作气；因为他过的真是田园生活，故他的诗真是欣赏自然的诗。"(胡适《白话文学史》，第289页)五四时期的文学追求，是新的自由的文学，在语言上主张"白话"，反对雕琢繁复，追求浅近自由，在诗法和内容上的追求亦是如此。胡适作为文学革命的旗手，其《文学改良刍议》便主张"务去滥调套语""不用典""不讲对仗"等所谓"八事"。④用典、对仗之法正是传统诗歌，尤其是律诗创作的重要技法和要求，而杜诗中的律诗，数量最大，质量最高，尤为历代所推重，被认为是律诗之极则。在性格与作诗之关系上，杜甫自道："为人性僻耽佳句，语不惊人死不休。"(《江上值水如海势聊短述》)杜甫自己对其律诗创作亦颇自得："晚节渐于诗律细。"(《遣闷戏呈路十九曹长》)胡适却在推崇杜甫"小诗"创作的同时，否定了几为定论的杜甫律诗创作："晚年做了许多'小诗'，叙述这种简单生活的一小片、一小段、一个小故事、一个小感想或一个小印象。有时候他试用律体来做这种'小诗'；但律体是不适用的。律诗须受对偶与声律的拘束，很难没有凑字凑句，很不容易专写一个单纯的印象或感想。因为这个缘故，杜甫的'小诗'常常用绝句体，并且用最自由的绝句体，不拘平仄，多用白话。这种'小诗'是老杜晚年的一大成功，替后世诗家开了不少的法门；到了宋朝，很有些第一流诗人仿作这种'小诗'，遂成中国诗的一种重要的风格。"(胡适《白话文学史》，第295-296页)胡适在此提出了"白话"诗的文体主张：肯定自由的、不拘平仄的绝句，否定拘束的、讲求平仄对仗的律诗。作为文学革命的旗手，胡适的"白话"立场与"革命"精神促使他对杜律发出迥

①胡适.国语文学史[M].北京：文化学社，1927：47.
②胡适.白话文学史[M].北京：商务印书馆，1934：291-292.
③凌独见.国语文学史纲·自序[M].杭州：寿安坊，1922：102.
④胡适.文学改良刍议[M]//张若英.中国新文学运动史资料.上海：光明书局，1934：27.

异于前人的批评："老杜是律诗的大家,他的五言律和七言律都是最有名的。律诗本是一种文字游戏,最宜于应试、应制、应酬之作;用来消愁遣闷,与围棋踢球正同一类。老杜晚年作律诗很多,大概只是拿这件事当一种消遣的玩意儿。"(胡适《白话文学史》,第299页)胡适更认为历代评价甚高的《诸将》《秋兴》等作是失败的,律诗创作毫无出路:"杜甫用律诗作种种尝试,有些尝试是很失败的。如《诸将》等篇用律诗来发议论,其结果只成一些有韵的歌括,既不明白,又无诗意。《秋兴》八首传诵后世,其实也都是一些难懂的诗谜。这种诗全无文学的价值,只是一些失败的诗玩意儿而已。律诗很难没有杂凑的意思与字句。大概做律诗的多是先得一两句好诗,然后凑成一首八句的律诗。老杜的律诗也不能免这种毛病。……律诗是条死路,天才如老杜尚且失败,何况别人?"(胡适《白话文学史》,第301-302页)胡适并非第一位对杜律发出批评的文学史家,出版于1931年的胡怀琛《中国文学史概要》即开始了对杜律的批评:"他的诗太讲格律,未免有过于拘谨处。"[①]但其对杜律批评的篇幅和力度都远不及胡适《白话文学史》。

胡适之所以对传统评价甚低的"打油诗"青眼有加,亦或是对作为中国古典诗歌经典样式的律诗的大加挞伐,质言之皆本乎其文学革命与"平民"的"白话"的立场:在语言上,"打油诗"最合乎"平民"的"白话"诗之要求。在诗体上,"平民"文学的浅近特质,天然排斥严格要求平仄、对仗的律诗,而那些不拘平仄、短小简洁的"非典型"绝句——"小诗"却成为文学革命家眼中的宠儿。杜诗的语言特质与各诗体创作之价值,在迥异于传统的、全新的文学革命浪潮中,完成了时代重估。

白话文运动对中小学语文教育的实质性影响始于1922年。当年11月,北洋政府《学校系统改革令》发布,标志着"壬戌学制"的诞生。改革案所列"发挥平民教育精神"等标准,对1923年全国教育联合会拟定发布的中小学课程标准起到了促进作用。新的课程标准中即有许多关于国语教育的规定[②]。此时,音乐课正式开设,替代性的"歌诗"不再提倡,而诗歌一体,亦正式进入课文,律诗也"解禁"不再受限制。文学教育的进步也由此可见。

从其后的中小学教材中的杜诗入选篇目上看,"白话"杜诗入选篇数远高于杜律。多次入选的"三吏"、"三别"、《羌村三首》、《前出塞》、《后出塞》、《赠卫八处士》等都是古体,而《茅屋为秋风所破歌》、《兵车行》、《丽人行》等则为歌行,都是所谓"白话"诗体。相比之下,在1949年前中小学语文教材中入选次数最多的十首杜诗,只有《闻官军收河南河北》与《秋兴》两首(组)律诗。《闻官军收河南河北》虽是律诗,但其入选的原因很可能与其"非战"主题相关。同时,诗中简单的句法,"能开口大笑,却也能吞声暗哭"(胡适《白话文学史》,第292页)的"平民"形象,也合乎"白话"精神。

当时的中小学教材偏爱这些"白话"杜诗,除了时代文化潮流的影响外,也有对中小学校学情的考量。在近现代学制中,小学要学习算术、历史、地理、体操、图画、手工、农业、商业、乐歌等课程,而至中学,还需学习外国语、法制及理财、物理及化学等众多课程。学生不再如古代传统教育,只学"四书五经"、诗词歌赋。言语浅近、句法简单,却又不失杜诗精神的"白话"诗,便成为通才教育的优先之选。总体而言,民国时期编写的中小学教材中的杜诗选文,体现了在社会文化思潮的影响下的近现代学制对杜诗的基本取向。

(二)"写实"的诗史

"现实主义"(realism)是整个二十世纪影响最为广泛的文学思潮。

在1915年出版的曾毅《中国文学史》中,就以"实际派"评价杜甫。[③]20世纪20年代后,文学史对杜诗的"写实主义"阐释逐渐深入。胡适《白话文学史》云:"八世纪下半以后,伟大作家的文学要能表现人生,——

①胡怀琛.中国文学史概要[M].上海:商务印书馆,1931:95.
②李杏保,顾黄初:中国现代语文教育史[M].成都:四川教育出版社,1997:93-95.
③曾毅.中国文学史[M].上海:泰东图书局,1915:154.

不是那想象的人生,是那实在的人生:民间的实在痛苦,社会的实在问题,国家的实在状况,人生的实在希望与恐惧。……八世纪中叶以后的社会是个乱离的社会;故这个时代的文学是呼号愁苦的文学,是痛定思痛的文学,内容是写实的,意境是真实的。……天宝以后的诗人……要作新诗表现一个新时代的实在的生活了。这个时代的创始人与最伟大的代表是杜甫。"(胡适《白话文学史》,第263-264页)胡适对"写实主义"文学内涵的全面阐释是此前所有文学史著作都不曾有的。胡适认为,时代将"写实文学"逼迫出来,而这一时代又因为"写实主义"文学的繁荣而成为"中国文学史上一个最光华灿烂的时期"。(胡适《白话文学史》,第264页)在胡适眼中,这个时代的最高成就者正是杜甫。因此,杜甫是中国文学史上"写实主义"文学的最杰出代表,是杜甫及其追随者们将中国文学由儿童、少年时期推向了成熟的成人时期,"走上了写实的大路,由浪漫而回到平实,由天上而回到人间,由华丽而回到平淡"。(胡适《白话文学史》,第264-265页)胡适此论得到了文学史家的广泛认同。许多的文学史著作都将杜甫归为"写实"派,苏雪林甚至赞誉杜甫是"写实主义开山大师",肯定杜诗对人生的不平与社会的黑暗的真实书写。

胡适等人给杜甫冠以"写实主义"诗人的桂冠。然而,杜甫为什么会导乎先路地走向"写实主义"的道路?郑振铎认为这是时代的选择,是"时势造英雄"[1]。杜甫是一位具有坚定儒家立场的诗人,与同时代的诗人们相比,"自比稷与契"的他最早对唐王朝发出"盛世危言",并在真正危机发生之后,将目光投向了苦难的社会与流离的人民。杜甫成为"写实主义"诗歌的"先锋"与"主将"固然有其内在思想的因素,但正如郑氏所言,"英雄"亦需要时代来造就。因此,盛唐危机前后的流离经历,对杜甫及其诗歌的改变是巨大的:从一个追逐"个人利禄"的庸人,变成了"悲天悯人"的圣人,如同释迦、仲尼、耶稣一般的圣人。[2]在郑氏眼中,作为外在社会历史因素的安史变乱是杜甫内在儒家思想升华的催化剂,而我们又在杜甫留下的大量"写实主义"伟大诗篇中见证了一位诗圣的诞生。

郑振铎强调社会历史对诗人个人强大作用的面向,而苏雪林除了指出"杜甫天性近于写实"及其儒家思想[3]等内在因素外,进一步揭示了同样经历大乱,与杜甫同时代的作家没有走上"写实主义"的道路,而是杜甫扛起了"写实主义"的旗帜的原因。《唐诗概论》云:"同时那群诗人生活,固不见得个个都舒适,但生长开、天盛世,所见所闻都是富贵繁华的景象,写作的技术天然成为放纵夸诞一派,叫他们去描写新时代的一切,其实缺乏相当的训练,所以他们对新时代的态度最初是不理会,最后是逃避:李白逃到天上,王维、裴迪逃入山林。高适、岑参,则爽性逃归静默。大约因为这逼桫而来的新时代太丑恶了,不是素讲唯美的他们所能忍受的缘故。这群诗人抱着过去的光荣,甘心和旧时代一齐没落,诗坛遂归新诗人占领了。"(苏雪林《唐诗概论》,第83页)杜甫的境遇却与他同时代的诗人们并不相同:"他比之开天那群诗人年纪固不见得轻了多少,但四十以前尚无赫赫之名,文学的型式也就没有固定。况且他在大乱前所过的也是藜藿不充,鹑衣百结的穷苦生活,对于人生的经验比李白等深刻;以后他拿这经验做基础,进而描写那颠连困陁的新时代,就比较地不费力了。况且他天性近于写实派,四十岁以前纪述自己贫贱生活的诗歌都生动有趣,能给读者以一种新鲜真实的印象,有时学为浪漫体反而不大自然,他之成为中国第一个写实诗人,环境固有关系,天才更有

---

① "渔阳鼙鼓,惊醒了四十年来的繁华梦,开、天的黄金时代的诗人们个个都饱受了刺激,他们不得不把迷糊的醉眼,回顾到人世间来。他们不得不放弃了个人的富贵利达的观念而去挂念到另一个痛苦的广大的社会。他们不得不把无聊的歌唱停止了下来,而执笔去写另一种的更远为伟大的诗篇;他们不得不把吟风弄月,游山玩水的清兴遏止住了,而去西奔东跑,以求自己的安全与衣食。"(郑振铎《插图本中国文学史》,朴社1932年版,第431-432页。)

② "他的情绪因此整个的转变了,他便收拾起个人利禄的打算,换上了一副悲天悯人的心肠。他远离开了李白、孟浩然他们的同伴,而独肩起苦难时代的写实的大责任来。虽只短短的五年,而他是另一个人了,他的诗是另一种诗了。在他之前,那末伟大的悲天悯人之作从不曾出世过……我们不曾看见过一个变乱的时代曾在别一位那末伟大的诗人的篇什里留下更深刻、更伟大的痕迹过!"(郑振铎《插图本中国文学史》,朴社1932年版,第434-435页。)

③ 苏雪林.唐诗概论[M].上海:商务印书馆,1934,86-88.

关系。"(苏雪林《唐诗概论》,第83-84页)苏雪林比大部分文学史家看得更真切,更透彻。他没有选择对李白、王维等作家安史之乱后的创作视而不见,而是从人性与艺术创作惯性的角度,合理地解释了这一现象,摆脱了机械反映论的泥淖,解放了长期以来的文学批评中被"社会"所压抑的"人",无疑是一种深刻的进步。后来的刘大杰也反思道:"把时代看作是决定文学思潮的唯一因素,是一件危险或是武断的事。"[①]

关于杜甫"写实主义"诗歌的创作技法,胡适《白话文学史》、刘大杰《中国文学发展史》(1941年版)等均作了探讨。

胡适最看重"写实主义"诗歌的批判精神。他认为"写实主义"诗歌的两种形态,一曰"社会问题诗",二曰"弹劾时政的史诗",皆为杜甫首创。他在评论《兵车行》时提出:"这样明白的反对时政的诗歌,三百篇以后从不曾有过,确是杜甫创始的。……这样的问题诗是杜甫的创体。"(胡适《白话文学史》,第275-276页)在评论《自京赴奉先县咏怀五百字》时,认为此诗是"一篇空前的弹劾时政的史诗。"(胡适《白话文学史》,第279页)既然是"创体",即意味着杜诗为"写实主义"诗歌提供了一套完整的、可供后世借鉴的技法。胡适在分析《哀王孙》时,完整揭示了杜诗所开创的"写实主义"技法:"《哀王孙》一篇借一个杀剩的王孙,设为问答之辞,写的是这一个人的遭遇,而读者自能想象都城残破时皇族遭杀戮的惨状。这种技术从古乐府《上山采蘼芜》《日出东南隅》等诗里出来,到杜甫方才充分发达。《兵车行》已开其端,到《哀王孙》之作,技术更进步了。这种诗的方法只是摘取诗料中的最要紧的一段故事,用最具体的写法叙述那一段故事,使人从那片段的故事里自然想象得出故事所涵的意义与所代表的问题。说的是一个故事,容易使人得一种明了的印象,故最容易感人。杜甫后来作《石壕吏》等诗,也是用这种具体的,说故事的方法。后来白居易、张籍等人继续仿作,这种方法遂成为社会问题新乐府的通行技术。"(胡适《白话文学史》,第280-281页)胡适有很强的"史"的意识,将杜诗"写实主义"诗歌创作技法的源流交代清楚,标明了杜诗在中国"写实主义"诗歌史上承上启下的关键地位,突出了杜诗对中国古典诗歌创作技法的重要贡献。

刘大杰清楚地意识到杜诗的"写实"是一种贯穿诗歌创作全过程的态度与意识,绝非狭隘简单、粗浅笨拙的描摹。其《中国文学发展史》指出:"杜甫要把诗歌来表现实际的社会人生,……他的取材,是政治的兴亡,社会的杂乱,饥饿贫穷的苦痛,战事徭役的罪恶,都是黑暗的暴露与同情的表现。因为如此,他的作品变成了历史,变成了时代生活的镜子。但是他又没有载道主义者的狭隘与顽固,他在那表现社会人生的态度之下,又非常重视艺术的生命与价值。……所以专从艺术上讲,他是近于艺术至上主义者,若从文学思想上讲,他却是最真实的社会主义者。"(刘大杰《中国文学发展史》(上册),第366页)刘大杰此论写在"写实主义"文学思潮的热潮逐渐沉淀之后,显得格外清醒,较之此前大量以是否"写实"为价值标准评价作家作品不同,刘氏清楚作家的价值与地位必须由其思想深度与艺术精度两方面共同决定。刘大杰反复强调杜甫个人穷困流离的经历在其"写实主义"诗歌中的重要作用。"从他个人的不良境遇,得到对于全民众的痛苦的体会观察与同情。由他个人的饥饿避乱的经验,认识了人生的实在情况。这一种宝贵的经验,细密的观察与丰富的同情,成为他的写实主义的社会诗的重要基础。"(刘大杰《中国文学发展史》(上册),第371页)因此,在刘大杰看来,《兵车行》中民众徭役之苦与《丽人行》中骄奢淫逸的生活,并非杜甫亲身经历,在艺术上不及遭遇安史大乱,身陷困苦流离之苦之后的作品深刻[②]。《羌村》三首、"三吏""三别"、《乾元中寓居同谷县作歌七首》等作品"全是以个人的实际经验与民间的疾苦为题材,充分地发挥了写实主义的特色,建立了稳固的社会文学的基础。"(刘大杰《中国文学发展史》(上册),第376-378页)刘大杰强调的实际个人经历之于创作意义有

[①]刘大杰.《中国文学发展史》(上册)[M].北京:中华书局1941,365.
[②]"这一时期的作品,因为他所描写都是出于个人的实际经验,所以作品的颜色,较之《丽人行》那时的作品来,是更要悲惨更要黑暗,而写实的手法,也更为深刻了。"(刘大杰《中国文学发展史》(上册),中华书局1941年版,第376-377页。)

二:其一,切身经历无疑拉近了杜甫与"写实"对象的距离,看得真才能写得切;其二,切身经历是产生情感共鸣的基础。动人的诗歌,艺术形象可能有虚构的成分,但情感一定是真实的。笔者曾指出:"杜甫的'民胞物与'情怀在中国古代诗人中是最突出的。"而杜甫亲身经历的世乱飘荡,正是其成为"最突出"者的重要原因。①其实,"民胞物与"不仅具有思想意义,同时亦具有创作论意义;它不仅是一种"形而上"的思想,同时亦是一种"形而下"的技术。调动自身经历之细节与情感,并不断调整,使之与眼前所见之情境达到一种艺术的高度契合,转而注入笔端,流淌于纸上。杜诗将"写实主义"从粗糙描摹眼前之景,借由推己及人、由人及己的艺术加工过程,上升至写过去与眼前之景,抒物我相通之情的"写实主义"新境界。

"诗史"是对杜诗的经典评价。历代对杜诗"诗史"说的阐释,主流意见认为"诗史"指杜诗对时事的真实记录,而这正与20世纪前期"写实主义"文学思潮契合,因此许多文学史家认为"诗史"与"写实主义"的本质精神是相通一致的。刘麟生《中国文学ABC》中论述元、白诗歌时指出:"要写民间疾苦,就是用写实派的一支笔,来写社会上的实况,这也是老杜诗史的教训。"②随着讨论的深入,"写实"与"诗史"的内在联系逐渐被开掘出来。容肇祖《中国文学史大纲》云:"杜甫的身世,是贫苦的,饱经乱离的痛苦的身世。他的作品是表现他的人生……就是那实在的人生:民间实在的痛苦,社会的实在问题,国家的实在状况,人生的实在希望与恐惧,都给他严肃的与深沉的态度观察出,道破出来了。他的作品,内容是写实的,意境是真实的,故有人称他作'诗史'。"③陈子展《唐代文学史》云:"杜甫于天宝以后,颇多描写乱离之作。他那种客观的写实诗,就是这个时代诗人的伟大收获。自各人的身边琐屑以至天下国家的大事,无一不可为他的题材。杜诗所以被称为诗史,就在这里。"④容肇祖与陈子展分别从"写实"的深度与广度,给予杜诗"诗史"充分肯定,进一步强化了二者深层内涵的联系。胡行之《中国文学史讲话》云:"他的诗大部分是精采的,但最好的部分,是他的'史诗',即是他底诗中,可以求得其详细的个性及生平行为,同时对于社会上的状况亦可见到。这些写实诗,都是一方有客观的事实,做他的资料,一方从深深的情感中流露出来,所以能成为杰作。他的刺述时政,关怀社会,开后来社会问题诗的风气……这种代表民众呼疾苦的文字,实是他最伟大的地方!可是这已是近于民众文学的际分,不是一般传统文字家所能出此!"⑤胡行之更进一步,认为只有客观事实的写实是不够的,作家内在情感与伟大情怀才是"写实"的"诗史"的价值所谓,才是杜甫之所以为杜甫,而非其他作家的关键。

"写实主义"的现代文学观念影响下的文学史书写,遭遇千年接受史中基本定型的杜诗"诗史"说,是20世纪现代文学观念与中国传统文学批评的一次奇妙相会,更是一次完美契合。"史诗"说为现代"写实"观提供了传统的支撑,"写实"说亦为"诗史"的时代重估提供了机遇。看似偶然,实有必然。

1949年后的文学史,"现实主义"依然是对杜诗艺术最主流的评价。部颁《大纲》即认为:"杜甫继承并且发展了诗经以来的现实主义优良传统,善于通过细节的真实描写,表现典型环境中的典型性格,他的诗歌成为反映社会生活的镜子。"(《中国文学史教学大纲》,第97页)事实上,由于"现实主义"成为评价作家的政治标准,许多文学史家都在努力"保护"杜甫在当代的"合法地位"。游版《中国文学史》在《大纲》的指导下,以恩格斯"典型人物"论、美学的"主客观统一"论等当时的主流文艺理论,从叙事、抒情与影响等方面对杜诗"现实主义"特质进行阐释,论定杜甫是"承上启下"的"伟大的现实主义诗人"(游国恩等主编《中国文学史》(二),第108-119页)。至此,杜甫成为千年中国文学史中"现实主义"的最高代表。这既有20世纪初以来对

①刘明华.论杜甫的"民胞物与"情怀[J].文学遗产,1994(5):50-60.
②刘麟生.中国文学ABC[M].上海:ABC丛书社,1929:52.
③容肇祖.中国文学史大纲[M].北京:朴社,1935:224.
④陈子展.唐代文学史[M].重庆:作家书屋,1944:51.
⑤胡行之.中国文学史讲话[M].上海:光华书局,1932:83.

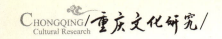

杜甫"现实主义"的持续挖掘,亦是当时政治、社会、文化条件使然,是历史与时代共同作用下的结果。时至今日,尽管我们已经很少再称或并不认为杜甫仅仅是"伟大的现实主义诗人"了,但杜诗对时代与生活的写实,仍然是绝大多数读者与学者对杜甫最突出的印象,这正是历史与时代通过文学教育带来的结果。

四、从"诗圣"到伟大——文学教育的成果

从目前的材料看,杜甫在中国诗歌史上的崇高地位在宋代确立,但称之"诗圣"始于明代,明中后期至今,"诗圣"的徽号便为杜甫所专享。①而"伟大"之说,则明确出自现代学制中的文学教育。

"诗圣"杜甫及其诗歌在百年中国文学教育中的选择与阐释,都是通过文学教育中最重要的载体:课文和文学史教材,从而为国民认知与接受。

如前所述,中国最早的文学史著作是林传甲的《中国文学史》,林著就是为京师大学堂预备科中国文学目教学而编写的教材。"弋扬江绍铨序"说:"吾友林子归云……甲辰夏五月,来京师主大学国文席。与余同舍居,每见其奋笔疾书,日率千数百字。不四阅月,《中国文学史》十六篇已杀青矣。"(林传甲《中国文学史·序》,第1页)黄人的《中国文学史》每册首页右侧均有"中国文学史 东吴大学堂课本"字样。吴梅《中国文学史(自唐迄清)》骑缝上亦有"中国文学史文科国文门三年级 吴梅"字样。可知国人自著最早的中国文学史都是作为大学教材而问世的。胡适的《国语文学史》,写作于1921年11月至1922年1月间,也是他在教育部主办的第三届国语讲习所主讲"国语文学史"课程时所用讲义。胡适《白话文学史》虽然是学术著作,但由于其影响巨大,对很多大学教授自编的文学史教材都有深远影响。1949年之后,最具影响力的几部文学史著作,都是全国众多大学的通用教材。

杜甫的"伟大"之说,正是通过文学史的表述得以宣示和肯定的。就笔者所见,第一位以"伟大"评价杜甫的文学史家是郑振铎。他在出版于1927年的《文学大纲》中指出:"这时代(笔者按:开元天宝时代)产生了不少的伟大的诗人,其中自以李白、杜甫为最重要。"②胡适紧随其后,在出版于1928年的《白话文学史》中提出:"这个时代(笔者按:写实文学时代)的创始人与最伟大的代表是杜甫。"(胡适《白话文学史》,第264页)郑振铎更在其后出版的《插图本中国文学史》中,以"杜甫便是全般代表了这个伟大的改革运动的。他是这个运动的先锋,也是这个运动的主将。"(郑振铎《插图本中国文学史》,第431-432页)"在他之前,那末伟大的悲天悯人之作从不曾出世过……我们不曾看见过别一个变乱的时代曾在别一位那末伟大的诗人的篇什里留下更深刻、更伟大的痕迹过!"(郑振铎《插图本中国文学史》,第434-435页)"他究竟是一位心胸广大的热情的诗人,不仅对于自己的骨肉,牵肠挂肚的忆念着,且也还推己以及人,对于一般苦难的人民,无告的弱者,表现出充分的同情来。《茅屋为秋风所破歌》最足以见出这个伟大的精神……这是甚等的精神呢!释迦、仲尼、耶稣还不是从这等伟大的精神出发的么?"(郑振铎《插图本中国文学史》,第436页)"他是一位真实的伟大的诗人;不唯心胸的阔大,想象的深邃,异乎常人,即在诗的艺术一方面,也是最为精工周密,无瑕可击的。"(郑振铎《插图本中国文学史》,第439页)从历史、思想、诗艺、情感全面肯定了杜甫的伟大。自郑振铎、胡适之后,谭正璧、胡小石、郑宾于、陈冠同、贺凯、胡行之、刘大白、苏雪林、郭绍虞、梁乙贞、龙沐勋、柳村任、张长弓、杨荫深、朱维之、吴经熊、吴烈、刘大杰、施慎之、罗根泽、陈子展等文学史家皆在其文学史著作中以"伟大"评价杜甫。直至游国恩版《中国文学史》中,以"伟大的现实主义诗人杜甫"为标题,赞颂杜甫。杜甫"伟大"的"诗圣"形象通过百年文学教育,最终深入到广大国民心中。

审视百年文学教育中的杜甫形象,不难看到,在学术研究不断深入的背景下,文学史教材和语文课文对

---

① 张忠纲.说"诗圣"[J].安徽大学学报(哲学社会科学版),2012(1):36-42.
② 郑振铎.文学大纲[M].上海:商务印书馆,1927:627.

杜甫其人其诗作出了折射时代思潮的评价和篇目选择,从而使其形象持续发挥着正能量影响着国民。在"面向21世纪高校教材"系列之一的袁行霈主编的《中国文学史》中,"平民(人民)""白话""非战""情圣""写实(现实)主义"等已不再被放在标题等醒目位置,予以特别强调;被胡适等人完全否定的杜律,则以专设一节的重要地位回到文学史书写之中。在政治、社会、文化环境都相对稳定的当下,百年间不同时期对杜甫不尽相同的,甚至看似全然相反的阐释,最终都化为"诗圣"光环中的多彩的色调,成为"诗圣"建构史的内容。

与此同时,中小学语文教学的重心,也悄然从新文化运动时期对"白话"与"平民"的强调、抗日战争阶段对"非战"与"人道"精神的彰显、阶级斗争为纲过程中对"人民性"与"现实主义"政治色彩的看重中走出来,取而代之的是对杜甫的爱国情感、民胞物与情怀、深刻的忧患意识与批判精神、对历史的审视与反思,以及杜甫高超诗艺的认知与学习。人教社最新审定的中小学语文课本,必修选修等共入选杜诗十八首(小4,初7,高7),比此前(2011年前)人教版的入选篇目略有增加,与民国期间各类课文总共三十余首相比,数量减少,但《茅屋歌》《石壕吏》《闻官军收河南河北》《羌村》《春望》《蜀相》《秋兴》《咏怀古迹》《江南逢李龟年》九首入选,见出杜诗的核心价值未变。其余各篇,更为丰富地展示了杜甫的情怀和诗艺,且律诗大增。如《望岳》的豪情壮志,《绝句》"两个黄莺"的精致清新,《江畔独步寻花》的轻松怡然,《春夜喜雨》对润物无声的春雨的感念,以及关合时代忧患的个人忧愤伤感之作《登楼》《登高》《阁夜》《旅夜书怀》《登岳阳楼》等,一个立体的内涵丰富的杜甫形象在国民基础教育阶段得以确立。

杜甫的"伟大",已是不争的事实。而其"伟大"的丰富内涵,会随着时代审美风尚的遭变在后世呈现新的诠释。

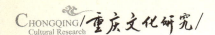
传统绘画中的线对现代木刻版画的影响

陈雷

（河南师范大学美术学院，河南省新乡市，453000）

　　线是一种存在于现实生活或者美术作品中的视觉形态要素，是美术最基本的造型手段，是构成视觉艺术形象的一种基本因素，无论平面还是立体作品；不论是写实，还是装饰；不论是抽象，还是具象……在长期的绘画发展过程中，"线"作为美术家创造形象和表达自己思想感情的艺术语言，一直处于十分重要的地位，越来越显示出丰富的表现力及艺术美感，并对现代版画的发展起到了重要的作用。

图2　陈雷版画《太行影像之开渠先锋》

图1　陈雷版画《人生如戏》（获2013年
河南省第七届版画展一等奖）

一、中国绘画中的线

　　作为东方绘画艺术代表的中国绘画艺术历史是以"线"串联的，中国画的精髓存在于由"线"构成的生命里。中国绘画艺术中的线不仅有"应物象形"的功能意义，更具有对物象内在的本质表现。线从早期的以线造形，到对线的修饰发展，形成了一种程式化的精神表现，中国画家在线的表现过程中都寓含了自身的情感、气质、学养，并赋予了中国画的"线"在质感、力度、律韵方面独特的审美价值。中国绘画的线最早可以追溯到仰韶时代的彩陶纹样，作者用生动、简洁的线条去描绘旋涡以及人形、鸟兽、鱼虫等形象，表现了原始绘画艺术的质朴的线条，让人感受到人类本真的美。

　　东汉时期画像石和画像砖人物多为点面表现，在河南、山东等地发现的画像石和画像砖是那个时代绘画艺术的典型代表。

隋唐时期的线在传承前人的绘画基础之上有了自己的特色,其画家继续沿着中国绘画"用线造型,以线寄意"的道路而行。

唐朝木版印刷的插图画题材由于统治者宣扬宗教而迅速地转向佛教题材,由于佛教图像情节的繁杂,场面的宏大,使木刻中的细密华丽之风应运而生。唐代书籍印刷在一定程度上促进了绘画的发展,这个时期出现了如金刚经扉页这样形式的线刻插图,是这个时期木刻乃至绘画的高峰的代表。

宋元时期中国画中的宗教意识已淡然而去,画院画家在继续对贵族生活进行描绘的同时,开始注意对世俗生活的真实描绘,具体地表现在人与人之间的关系和对社会生活中人的神情仪态的刻绘。这个时期以墨线为主,几种纯色为辅的木版年画出现并日益繁荣。涌现出像河南的朱仙镇、天津的杨柳青、潍坊的杨家埠、江苏的桃花坞等一大批民间木刻年画产地。

明清时期的中国处于封建社会后期,绘画艺术一方面取法南宋画院画法,同时兼承元代的一些表现风格,其绘画被称为"院体"画。明代在"院体"画出现的同时,版画插图、木版年画等民间绘画艺术也得到了发展。如陈洪绶,其作品中刻画人物的线条稳重、古拙有趣、排叠遒劲,很好地表现了人物夸张变形的特点。清代是我国封建社会走向衰落的时代,但中国绘画艺术在继承明代的基础上求变而发展。

二、西方绘画艺术中的线

古希腊作为欧洲文化艺术的起源地,也深深影响到后来整个的西方绘画艺术,正如前人所说的:没有古希腊的文学艺术,也就没有近代的欧洲。

在文艺复兴时期绘画艺术中注重解剖、光影、透视、明暗的描绘,准确地再现可见的事物形象。然而,在这种再现的手法中,也仍然不乏以"线"作为表现手段。线作为面而存在,线已经融合在物象形体的明暗中去了。其中有荷尔拜因等绘画大师。荷兰著名的画家伦勃朗在其腐蚀的铜版画中,用针或刀在涂有腊等混合物的金属版上刻线,以粗细不一,长短不同的线形成丰富的画面调子,非常类似于素描、钢笔画和水墨效果。

19~20世纪这个时期西方绘画是具象艺术与抽象艺术,传统艺术与现代艺术等多流派、多主义、多风格并存的时代。凡·高、高更、塞尚、毕加索、米罗、蒙克等画家,打破传统绘画的客观写实方法,多注重以主观的线面、色彩去表达自己的主观感受。这些著名的画家在用油画抒发情感的同时也在用不同的形式来创作,版画就成了他们另一种表达情感的绘画方式,这些画家为世人留下了很多有影响力的版画作品。

纵观西方绘画艺术的历史,虽然是以体、面、色为基本的表现手段,经历了具象艺术和抽象艺术为主要表象特征的不同时期。但是,线条自始作为一种绘画的艺术语言,在不同的时期以折节式发展方式给予了其不同的诠释,赋予了其造型功能和审美的价值。

三、传统对现代版画的影响

在中西方绘画艺术中线的运用的历史表明,艺术家无论是处在中西方哪种社会背景下,他们虽然在心理结构、审美习惯、情感和理性表现,甚至在绘画工具方面有所不同,但人类在早期的观察自然模仿事物的表达方式上却有很多惊人的相似,都是以"线"来表现所观察到的事物轮廓,通过"线"的造型描摹去再现自然中的客观物象,以寄托早期人类对自然生活的感受和内心需求。随着社会的发展,中西方绘画艺术都经历过对"线"的造型功能到对"线"的表现功能这样一个不断认识和发展的过程。

中西方社会各民族的文化背景、经济发展、绘画观念因素的不同对艺术家有了不同的影响,产生了中西方的绘画艺术各有的特点,形成了在"线"的认识和表现手法上的某些差异。

中国版画在中国绘画中有很重要的地位。鲁迅先生说过,版画在中国有过辉煌的历史。虽然这样的辉煌随历史的变迁而消亡,但说明版画对中国的历史及其社会发展起了不可磨灭的积极作用。在以往的历史中,版画以各种方式存在。如书籍、年画、宫廷版画、地质画等。源于中国隋唐时期的版画,由于经济往来、战争原因,而后传播于国外,得到了拓宽和发展,逐步形成了具有独特艺术语言的国际性的独立画种。中国版画艺术,自20世纪30年代鲁迅先生积极倡导,把外国的创作版画介绍到中国,历经了半个多世纪,已经形成自己特有的形式。在西方,版画其实是和其他画种不可分割的,很多绘画大师都在用版画这种形式来表达自己的思想。

在当今社会,中国土地上至今还有许多较为远离现代文明的艺术形式,保留着许多传统民间文化的遗迹,如木版年画。这种木刻版画艺术在民风乡俗中,仍然顽强地存活着。这些只保留在相对封闭的农村的民间艺术,在天津杨柳青、山东杨家埠、河南朱仙镇、河北武强、苏州桃花坞、四川绵竹、陕西凤翔、广东佛山、湖南滩头等年画作坊和艺人手中,仍基本保留着原有的面貌,流传在民众之中。

图3 陈雷版画《青山依旧在》
(入选2011年全国十九届版画展)

图4 陈雷版画《门神之快马扬鞭》(入选2012年
第二届云南国际版画展)

四、结语

达·芬奇说过:"最初的画只有一条线,这就是墙壁上包围着太阳投下的人影的线。"现实中线存在于万物之中。人、风景、建筑等的线在交错与铺排中伸展出历史文化的风貌。人类几千年的绘画史都与"线"紧密相关,中西方的绘画都经历过以线造型,以线寄情,把"线"作为绘画的重要元素给予表现的历史。中西方由于在社会背景、文化心理、欣赏习惯等方面存在不同,在不同时期对"线"寄予了不同的表现和精神内涵。西方绘画中的线基于对形和空间的理性认识而成折节式发展形式。而中国绘画艺术中的"线"始终是画家的心灵感受和自身审美价值的表现,其发展成直杆式。"线"已经成为中西方绘画艺术中不可缺少的内质核心,木刻印痕中的线是通过刀具镂刻空白而"挤压"出来的。这种线和形与一般绘画形态的笔绘效果有着完全不同的审美意趣和无可取代的特点。我们只有充分利用木刻的这一特点,对这种"挤压"出来的线的特点和趣味,加以放大和强化,才有可能创造出真正的、独立的木刻艺术语言。线在绘画中是形式,也是技法,但它更是精神的出发点。在木刻创作中线应该创造性贯穿于画、刻、印中,让观者也能感觉到作者在创作过程中的情感,这种感觉是艺术中难能可贵的东西。

我们应保持线鲜活的感染力、生命力,让线在木刻中发挥更好的作用,在传统中传承和发展,学习传统,接受现代,创作出有别于他人的版画语言。

参考文献:

[1]王伯敏.中国版画史[M].上海:上海人民美术出版社,1961.

[2]张奠宇.西方版画史[M].杭州:中国美术学院出版社,2000.

[3]王树村,等.中国传统民间年画研究[M].香港:神州图书公司,1976.

[4]周芜.徽派版画史论集[M].合肥:安徽人民出版社,1984.

[5]杰克·德·弗拉姆.马蒂斯论艺术[M].欧阳英,译.郑州:河南美术出版社,1996.

[6]李以泰.黑白艺术学:黑白艺术语言与形成构成[M].杭州:中国美术学院出版社,2001.

[7]黑崎彰,张珂,杜松儒.世界版画史[M].北京:人民美术出版社,2004.

[8]齐凤阁.20世纪中国版画文献[M].北京:人民美术出版社,2002.

传统夏布织造技艺保护的"整体性"研究①

黄准

（湘潭大学，湖南省湘潭市，411105）

【摘要】本文的研究，立足于非物质文化遗产活态化传承的基点，试图在"活态"中，更进一步呈现夏布织造技艺的"整体"，其中重点关注那些技艺的"隐蔽"部分，以期更全面、立体地还原"技艺"的原貌，打破对传统技艺"记录""描述"单向呈现的状态。

【关键词】夏布织造；保护；整体性

引言

夏布是以苎麻为原料织造而成的麻布，苎麻是我国特有的麻类纤维。我国对苎麻纤维生产的历史由来已久，累积了相当丰富的经验，这一门技艺也成为宝贵的非物质文化遗产。手工夏布主要产地有江西万载、湖南浏阳和重庆荣昌等，这些地区手工生产的夏布，曾远销日韩等地，但随着国际市场的萎缩，如今机杼声已逐渐远去，当年家家户户做夏布的热闹场景早已销声匿迹。

目前，有关夏布织造技艺保护方式，多以记录、描述的方式为主，或保存传统技艺的史料和文物，或进行数字化的采集和记录，或以创新工艺方式以及产品应用的方式，以达到对技艺进行传承的目的。也有许多地方为了满足旅游猎奇的需求，将非物质文化遗产在一些特定的区域和空间，为观光者进行工艺的片段展示，"表演"给游客观看……单向的描述、记录、应用以及所谓的"表演"，不能呈现出非物质文化遗产的原生性的整体形态，忽略了其共生共存、有依附关系的文化空间。因此，作为非物质文化遗产的夏布织造技艺需要得到更为"整体"的关照，从形式到内容，从物质到非物质，从显性到隐性，从个体到社会等各个维度进行保护与传承。

一、整体性原则

整体性原则是非物质文化遗产保护的一个重要原则。非物质文化遗产不是凭空产生的，而是与周围的自然、地理、经济、社会、人文、历史等环境一同存在的。

非物质文化遗产本身也是一个有机的整体，不能将之分散拆开进行所谓的保护。坚持整体性原则，就是要保护非物质文化遗产自身的完整性，保护其所处的自然、社会等环境的完整性，处理好非物质文化遗产与自然遗产、世界文化遗产、文化景观遗产等整个人类文化遗产保护体系之间的关系，实现其经济效益、文

①本文为湖南省教育厅优秀青年项目"湖南浏阳夏布织造技艺的活态传承研究"15B242阶段性成果。

化效益与社会效益的协调统一,实现各地域之间、各民俗文化之间的协调统一。

二、传统夏布织造技艺的"整体性"要素

1.保护传统夏布织造技艺的"内容和形式"

从非物质文化遗产本身的完整性角度来说,要保护传统夏布织造技艺所拥有的全部内容和形式。从夏布织造过程中的"手感""工具""作坊""人际"等的技艺内容与形式,我们能够感知到这项流传的古老技艺是各种物质的、非物质的要素内容交织在一起而形成的完整立体形态。

(1)心与手的"体悟"

手工技艺是与人类的物质生产生活同时产生的,以人力作业为主要特征的某种技巧和手段。它源于生产实践经验,是调节和变革人与自然关系的物质力量,也是沟通人与社会的中介。手工艺人是手工技艺得以存在的主体,也是推动技艺发展最核心的要素。

夏布织造是一项手工的劳动,在手工劳动中,手直接参与生产,经过常年反复的劳作,使手的能力发挥到极致,娴熟的手艺表达出细腻的质感。夏布织造分为刷布、上机、上浆和织造四道工序,其中以刷布、织造为难。如果手艺不精,分断纱,又费时,次品又多,诸多烦琐的制作工序,造成夏布产量低,品质不稳定等生产缺陷。因此,手的体悟,成为经验累积、工艺优化的内在、隐蔽因素。手的拿捏分寸,轻重缓急、松紧力道……每一个感知的细节,都是决定工艺成功与否和精致程度的重要指标,而这种感知的隐蔽性,是机器无法到达的,传统手工夏布的内在魅力恰在于此。

图1 夏布织造中的"手工"劳动

（2）作为创造的"工具"

在工艺的实现过程中，劳动工具也是创造的重要组成部分，其承载和保留了更为完整的技术信息。工具的尺度、造型、结构、材质、质感、肌理、劳作痕迹，都是造物匠心和劳作积累的产物。工具是手的延伸，是技术的凝结。据笔者统计，用于夏布织造的大小工具多达30余种，如织布机、骨梭、刷把、羊角、竹扣、刷布架等，其中主要劳动工具织机，是一个需要眼手协调、手脚并用，力度和速度合理控制的完美创造。夏布织造技艺工序繁杂，世代相传，自成体系，从重要的生产设施和工具到生产空间都呈现出系统性的特征，这些工具和生产空间是织工在劳动实践中不断地发明改进完善的结果，是手艺人技艺不断深化和精进的结果。

（3）生活与生产的"作坊"

"作坊"是从事手工织造生产加工的场所，夏布的生产方式和生产环境是比较轻松、自由的，由于长期的生活习惯形成了固定的思维模式，决定了夏布的生产方式。在视觉上，作坊里随处是时间和劳作的痕迹：紧密排列的织机，泛黄的绳索，斑斑的痕迹；在听觉上，织机声声入耳，"麻布神歌"回旋缭绕，细微处，还有劳动妇女之间的闲聊耳语。这个完成手艺的特殊空间，占据了织工生活时间的绝大部分，也成为社区生活的一种特殊形式。

（4）"人际"的和谐

在夏布织造的劳动中，根据劳动内容的特殊性，对男、女、老、少，有着不同的分工。需要耗费长时间体力和精力的织机操作环节由中壮年人来担任，而相对轻松的挽芋子、线团的工作则由妇女和老人来完成，边劳作还能聚在一起闲聊，为枯燥反复的劳作解乏的还有配合织机节奏的劳动歌谣——"麻布神歌"。量力的分工，劳动中的闲话家常和娱乐创作，促使夏布织造技艺在劳作中呈现出"心手""人际"的和谐状态，妇女们编织夏布的时间有很大的不确定性和不稳定性，她们一边编织夏布，一边闲扯家常，寓工作于娱乐，互帮互助，不仅可以交流手艺技巧，也可以交流感情，整个过程身心愉悦，踏实而平静。

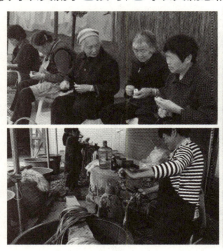

图2　夏布织造中形成的特殊"人际"关系

2.保护传统夏布织造技艺的"文化生态"

从文化与环境之间的共生共存的角度而言，保护好当地的自然生态环境和人文、历史、习俗等文化生态系统，也是夏布织造技艺得以完整呈现的关键。

（1）夏布织造的自然之"功"

一项古老的手艺历经时间的沉淀，实现技艺的稳定和合理，背后必定有着对地域生态的极强适用性。

作为夏布主产地之一的荣昌,气候属亚热带季风性湿润气候,四季分明,夏季多雨,有濑溪河、清流河等河流经过,为夏布的织造创造了便利的气候条件。织工们就地取材制作工具,并巧妙利用自然环境的特征建立适合夏布生产的环境,节省人力,提高工效。当地产竹子,他们便会用上乘的竹子来制作各种织造夏布的工具,如利用竹子的空心作为过浆的浆槽,用薄薄的竹片制作成筘子,用竹枝来隔离缠绕在经轴上的经线等等,竹已经成为夏布织造工具中不可缺少的材料。又如,打麻、经线刷浆时,由于温度湿度的控制,都会选择比较晴好的日子来进行。

夏布平整细密,色泽自然天成的品质,也是依靠独特的自然气候条件及独特的工艺技术共同形成的。荣昌独具特色的浆漂技艺,就与当地的自然地理、水质情况有着密切关联,甚至可以说,正是在多次酸缸、灰缸、碱缸的浸泡,甑锅的蒸煮,濑溪河水的不断冲刷与阳光的多次暴晒后,才形成了传统荣昌夏布特有的品质属性。

（2）夏布织造的人文之"义"

"麻"依靠悠长的使用历史、广泛的分布、多样的用途,在漫长的生产生活中逐渐形成了自身独特的"符号特性"。麻被称为"国纺源头,万年衣祖",人们对"麻"的利用,一直带有一种神秘色彩,而且近乎一种崇拜。《诗经·曹风·蜉蝣》日:"蜉蝣掘阅,麻衣如雪。"郑玄注:"麻衣,深衣。诸侯之朝,朝服;朝夕则深衣也。"可见在当时的贵族生活中,不仅以麻衣为待人接物之体面而且诸侯在祭拜天地神灵的时候,早晚之间也必须用麻布缝制的衣裳。在上古时的祭祀以及后来儒、释、道的文化传承中,巫师、法师多用麻网作为法器降妖捉怪;道士的清衣法帽用麻布;汉代祖宗雕像的衣着用麻布,长辈仙游的着装用麻衣,晚辈祭祖用麻衣,送故人于黄泉路时亦要披麻而行;民间则以麻织物、麻器具驱鬼辟邪并沿用至今。因此,麻以洁白、纯净、阳刚、正气成为神圣祥瑞的象征。

夏布的产生不是凭空而来的,而是与特定自然地理、历史文化和其他制度习俗紧密相连的。由自然资源、劳动工具、生产空间、文化语义等因素共同构成的传统夏布织造技艺有机整体应得到整体维护。

3.创造传统夏布织造技艺保护的"整体合力"

只有传承主体、传承人与政府、专家学者、媒体等多方力量形成整体合力,才能促进非物质文化遗产更好地传承发展。很多的非物质文化遗产原本都是民间传承,尤其是民间手工艺部分,但随着时间的推移,社会的发展与变革,民间自发传承已经比较困难。因此,政府作为保护主体,则应当承担起保护非物质文化遗产的责任,实施的政策能否真正地立足于作为传承主体的传承人、是否能真正地有利于非物质文化的传承至为重要。完善我国非物质文化遗产的保护政策,构筑一个相对成熟的非物质文化遗产保护机制,尤其是监督机制的建立,才能够更有效地保证非物质文化遗产的传承和保护。

从夏布织造技艺的保护来说,政府应提高财政支持力度,营造良好的工艺文化氛围,积极引入纺织服装行业的合作项目,大力鼓励和支持传承人、专家学者等展开研究、创新,打造夏布生活理念,提升夏布的产品附加值,这是走向健康传承道路的正确选择。只有发挥政府支持发展、协调各方的作用,发挥民俗专家、夏布传承人和广大民众集思广益的优势,通盘考虑,整体推进,才能共同促进传统民俗的传承与发展,促进其实现新的繁荣。

三、结语

在民族文化意识觉醒的时代背景下,非物质文化遗产的传承与保护得到了越来越多的关注,传统的技艺也在时代的发展中不断发生流变,但不可忽略那些历久弥新的完整的文化内容,也不可违背规律。只有

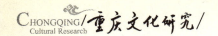

维护夏布手工技艺、工具构成、生活场域到文化生态系统等共同体,用积极政策支持营造良好的传统工艺文化氛围,才能让传统技艺在与现代科技充分融合的过程中取得长足的发展。

参考文献:

[1]柳宗悦.工艺文化[M].徐艺乙,译.桂林:广西师范大学出版社,2011.

[2]韩宗坡."非遗"保护的自主性、本真性、整体性研究——以甘肃西和乞巧民俗考察为例[D].北京:中央民族大学,2009.

[3]向云驹.论"文化空间".[J]中央民族大学学报(哲学社会科学版),2008(3):81-88.

[4]谢亚平."器"以载艺——四川夹江手工造纸技艺工具和生产空间价值研究[J].装饰,2014(9):94-97.

[5]郑钦尹."浏阳夏布"的现状分析与产品转型研究[D].长沙:湖南师范大学,2014.

[6]张国云,李薇.荣昌手工夏布织造工具文化空间及其设计伦理价值研究[J].艺术设计研究,2015(3):70-74.

重庆图书馆抗战文献资源建设的评价体系研究①

王兆辉，闫峰

（重庆图书馆，重庆市沙坪坝区，400037；重庆商务职业学院，重庆市沙坪坝区，401331）

【摘要】文献资源评价不仅是图书馆馆藏资源发展建设的基本内容，也是图书馆馆藏资源发展建设的重要环节。通过构建抗战文献资源建设的评价指标体系，对抗战文献资源建设的各个方面进行评估考量，获得客观真实的有效信息，认清资源建设的发展方向，为图书馆制订符合自身发展需要的文献政策，优化抗战文献资源建设的实施路径，提供可资借鉴的理论指导与实践指南，推动重庆图书馆抗战文献资源建设更加科学健康、稳定持续地发展下去。

【关键词】重庆图书馆；抗战文献；评价体系

一、重庆图书馆抗战文献资源建设的评价目的和意义

重庆图书馆的前身是1946年国民政府筹设的国立罗斯福图书馆，其成立初衷即为纪念美国总统罗斯福对于中国人民抗日战争给予的巨大支持与莫大帮助。因此，收集和保存与抗战有关的文献资料成为国立罗斯福图书馆文献资源建设的侧重点之一。如今，经过71年的历史洗礼，抗战文献资料不仅成为重庆图书馆独具特色的优势历史文化资源，重庆图书馆也成为我国抗战图书、期刊及报纸文献资料收集最齐全的公共图书馆。与此同时，重庆图书馆抗战文献资源建设也走在全国前列。2008年3月，重庆图书馆完成民国时期历史文献的数字化建设，"重庆图书馆馆藏民国文献"数据库系统面向社会开放，成为全国第一家为读者提供民国文献数字资源服务的图书馆。2010年8月，"重庆中国抗战大后方历史文献中心"于重庆图书馆挂牌成立，这是全国图书馆界第一个抗战文献专项资源的建设中心。2014年9月，重庆图书馆推出"中国抗战大后方3D数字图书馆"，这也是我国第一座以抗战文献为主题的3D数字图书馆。②

重庆图书馆抗战文献资源建设的蓬勃发展也面临着严峻挑战。目前，全国范围内还没有针对抗战文献资源建设的评价指标体系。事实上，文献资源评价不仅是图书馆馆藏资源发展建设的基本内容，也是图书馆馆藏资源发展建设的重要环节。文献资源评价通过针对馆藏文献资源建设的各个方面进行评估考量，获得客观真实的有效信息，认清文献资源建设的发展方向，为图书馆制订符合自身发展需要的文献政策，优化图书馆文献资源建设的实施路径，提供可资借鉴的理论指导与实践指南。基于此，重庆图书馆抗战文献资

①重庆市文化艺术新闻出版广播影视科学研究规划青年项目"重庆图书馆抗战文献资源建设的模式研究"阶段性成果，项目编号：15DH013；重庆市社科规划青年项目"多维视域下抗战文献的文化形态研究"阶段性成果，项目编号：2014QNCB21；重庆市"青年文化优才"培养计划项目成果，培养编号：2014QNWHYC06。
②王兆辉，闫峰.重庆中国抗战大后方历史文献中心的建设现状与发展研究[J].图书馆，2015(9):41-44,49.

源建设要始终坚持一马当先、独步其时,就需要快马加鞭、智者先行,通过构建抗战文献资源建设的评价指标体系,以推动重庆图书馆抗战文献资源建设更加科学健康、稳定持续地发展下去。

(1)巩固重庆图书馆抗战文献资源建设的领先地位和示范作用。由于重庆在抗战时期作为中国陪都的历史渊源,抗战文献遂成为重庆市最具优势的近现代地方历史文化资源。[①]重庆图书馆作为重庆地区的龙头馆,担负着传承与发掘重庆抗战历史文化的重任;作为我国唯一的以抗战文献资源为馆藏特色与优势的图书馆,重庆图书馆的抗战文献资源建设成绩斐然。而构建抗战文献资源建设的评价指标体系,不仅能够快人一步,且能在制度安排上推动重庆图书馆的抗战文献资源建设走得更远、更长久。

(2)促进重庆图书馆抗战文献资源建设的与时俱进和改革创新。通过构建抗战文献资源建设的评价指标体系,以便对重庆图书馆过去一段时期抗战文献资源发展建设状况进行总结,了解重庆图书馆抗战文献资源建设是否符合时代发展的需要,是否适宜图书馆实际建设的需要,是否满足用户对抗战文献信息的需要;并通过深化管理制度改革,优化资源配置,有效调动相关人员的工作积极性,确保馆藏抗战文献资源得到切实有效开发利用,永葆重庆图书馆抗战文献资源建设的生机与活力。

(3)彰显重庆图书馆抗战文献资源建设的历史价值和现实意义。抗战文献是图书馆历史文献资源中历史与现实联系最为密切且颇具生命力的有机部分。[②]随着我国人大分别将每年的9月3日确定为"中国人民抗日战争胜利纪念日",将12月13日确定为"南京大屠杀死难者国家公祭日",抗战文献的历史价值与现实意义愈加凸显出来。抗战文献作为重庆图书馆的特色与优势资源,有职责向政府部门、科研院所及社会公众展示自身价值。

(4)完善重庆图书馆抗战文献资源建设的制度规范和长效机制。通过构建抗战文献资源建设的评价指标体系,为管理者提供客观全面的馆藏状况信息,发现存在的不足与问题、提出改进的措施方案,继而推动抗战文献资源的标准化与规范化建设,促进抗战文献资源的共建共享与合作交流,完善抗战文献资源信息的服务模式与网络体系。

二、重庆图书馆抗战文献资源建设的评价标准和范围

1.重庆图书馆抗战文献资源建设的评价标准

我国第五次评估定级中实施的《省级图书馆评估标准》,从设施与设备、经费与人员、文献资源、服务工作、协作协调、管理与表彰、重点文化工程等七个方面,来设置业绩指标,对图书馆工作进行全面评价。重庆图书馆抗战文献资源建设的评价体系的构建,可以借鉴我国图书馆界关于图书馆评估定级的标准规范,制订适合于重庆图书馆抗战文献资源建设的评价标准。

倘若仅从地方文献资源建设的角度来看,目前在我国《省级图书馆评估标准》中只设置有专门的两项评价指标(表5-1)。显然,这对于重庆图书馆抗战文献资源建设的评价体系而言,无疑不具有信息的全面性和系统性。为此,重庆图书馆抗战文献资源建设的评价体系,需要结合我国对图书馆的整体评估标准体系,结合抗战文献资源建设的具体要求,将抗战文献书库的设施条件、现代化技术条件,抗战文献的入藏数量、质量,抗战文献的编目、藏书组织管理、数字化建设,抗战文献的各项服务、社会教育活动、用户满意度以及抗战文献的采选方针与执行情况,网上资源收集、加工和利用等指标纳入到评价标准体系中。

①王兆辉,王祝康.重庆抗战文献整理开发的价值探讨[J].大理学院学报,2014(1):71-74.

②王兆辉.重庆抗战文献资源建设的SWOT分析[J].现代情报,2013(10):139-142.

表1 省级图书馆评估标准①

标号	指标	评价细则
334	地方文献入藏完整率(%)	1.计算方法:(地方文献入藏种数/地方文献出版物种数)×100; 2.指正式出版的书、刊、报,不含中小学教科书、辅导资料、单幅画。提供前一年地方出版物目录; 3.提供上一年度本省(市)出版社的出版目录(含纸质印刷型图书、期刊、报纸,电子文献、视听文献等); 4.提供上一年度入藏的本省(市)出版物与出版社目录的比对记录。
373	地方文献数据库建设	1.建设内容考查其选题规划情况; 2.建设规模考查其可用数据库数量及其容量。

同时,重庆图书馆抗战文献资源建设的评价体系还可以借鉴美国、德国等海外先进国家的一些图书馆评价指标标准。从20世纪80年代起,美国公共图书馆协会开始研制《公共图书馆服务绩效评价准则》,对图书馆服务效率进行评价。90年代,德国图书馆学会也对公共图书馆的资源与服务,实施以"标杆计划"(Bench marking project)为项目内容的评价标准体系。此外,美国大学与研究图书馆学会(ARL)还制订了"学术图书馆绩效评价指标体系"(表5-2)。纵观国内外的图书馆评价标准体系,可以看出国外的图书馆评价标准相对简捷,指标设置比较简单,主要内容倾向于以"用户"为中心,重视图书馆使用者的满意度,强调用户对图书馆设施与资源的利用率。

表2 美国学术图书馆绩效评价指标体系②

一级指标	二级指标
图书馆使用者满足情况	使用者满意度
图书资料的供应及使用情况	1.图书资料流通数量 2.馆内图书资料使用数量 3.图书资料使用总数量 4.图书资料供应情况 5.图书资料提供的延误情况
图书馆及其设备的使用情况	1.使用者到访图书馆次数 2.使用者在馆外使用图书馆次数 3.使用者到访与在馆外使用图书馆总数 4.图书馆设备使用率 5.流通及参考等服务使用次数 6.图书馆内总使用人数
信息服务	1.参考咨询服务使用次数 2.参考咨询服务满意情况 3.在线检索评价

①中国图书馆学会.省级图书馆评估标准[Z].2012.
②范莎莎.国外图书馆的绩效评价体系[J].统计与咨询,2014(3):57-58.

2.重庆图书馆抗战文献资源建设的评价范围

重庆图书馆抗战文献资源建设的评价范围是重庆图书馆馆藏的各种载体类型的抗战文献资源及其对抗战文献资源的组织行为与发展过程。其应该涵盖：

(1)重庆图书馆收集保存抗战文献资源的总体情况,包括抗战文献资源的总量,抗战文献的资源特色,抗战文献资源的发展走势,抗战文献资源的发展规划与政策方向等。

(2)重庆图书馆收集保存抗战文献资源的文献类型,主要包括印刷型文献,如图书、期刊、报纸、地图、画册、调查报告等;数字化文献,如缩微制品与音像制品,包括胶卷、磁带、CD、DVD、光盘等,还包括口述历史相关资料及后世人们的抗战历史文化映射等。[①]

(3)重庆图书馆收集保存抗战文献资源的运行机制,包括抗战文献资源的收集、采访、编目、保护及修复情况,抗战文献资源的利用与服务情况,抗战文献资源建设的制度管理情况、组织运行情况、经费分配与使用情况,抗战文献资源建设过程的具体实施与监督反馈情况等。

(4)重庆图书馆收集保存的抗战文献资源的整理开发,包括对抗战文献资源的编目、提要等编纂工作的推进,各种深层次专项研究项目的开展;[②]对印刷型抗战文献资源的数字化建设,如特色数据库建设,本地数字资源的镜像建设、学科导航建设等。

(5)重庆图书馆收集保存的抗战文献资源的用户服务,包括抗战文献资源的服务环境、服务人员的综合素质,为社会公众提供的服务手段与方式,对购买的抗战数字化资源进行组织与导航服务,为社会公众提供各项服务的用户满意度等。

三、重庆图书馆抗战文献资源建设的评价方法和指标

1.重庆图书馆抗战文献资源建设的评价方法

重庆图书馆抗战文献资源建设的评价体系的构建,就是要运用科学的评价方法,采用定性或定量的评价指标及评价标准,对自身职能所确定发展目标与实施结果的实现程度进行系统评价。由于评价对象的复杂性,评价信息的多样性,评价主体的多层次性,从而催生出各种各样的评价方法。[③]在重庆图书馆抗战文献资源建设的评价体系的构建过程中,可以根据具体对象与侧重方向的不同确定多层次的评价方法。如对于各项指标的权重赋值采取专家评价法,对于抗战文献服务评价侧重于用户评价法,对于评价模型的构建主要采用数据定量评价法,对于信息来源采用信息测度评价法,对于抗战文献资源采用数量评价法、质量评价法、流通率评价法相结合的综合评价法等,不一而论,既要做到历史的科学统一评价,也要做到具体问题具体分析。

同时,图书馆作为公益性文化服务机构,服务质量是图书馆各项业务工作的重中之重,也是图书馆文献资源建设评价体系的重要内容。目前,全面质量管理(Total Quality Management, TQM)是一种广泛认可的先进管理方法,将其引入到重庆图书馆抗战文献资源评价体系中,有利于从质量保障体系和服务体系方面来提升重庆图书馆抗战文献资源服务的整体水平,为建立科学全面的图书馆评价体系奠定基础。此外,美国学者根据全面质量管理理论提出:以用户的感知与用户对服务的期望来衡量评价服务质量,确定以切实性、可靠性、有效性、保障性与情感投入为服务质量五要素的"SERVQUAL"评价模式。美国研究图书馆协会则通过对用户的广泛调查研究,研制了"LIBQUAL+"服务质量评价体系。这些也是重庆图书馆抗战文献资源

---

①王兆辉.重庆抗战文献资源建设的SWOT分析[J].现代情报,2013(10):139-142,148.
②王兆辉,肖军,闫峰.出版媒介场域对抗战歌谣的传播研究[J].重庆邮电大学学报(社科版),2015(2):133-137.
③吴建华.数字图书馆评价方法[M].北京:科学出版社,2009.

评价体系值得学习借鉴的评价方法与评价模式。

表3 "SERVQUAL"评价模式①*

要 素	内 容
有形设施(Tangibles)	物理设备、设施、人员与交流资料的外在形式
服务效率(Responsiveness)	帮助用户并提供快捷服务的能力
情感作用(Empathy)	对用户寄予关切和个体关注
可靠性(Reliability)	可靠而准确地开展承诺的服务能力
保障力(Assurance)	服务人员的知识和礼节及传递信用和信心的能力

*根据实际表述略作调整,后同

表4 "LIBQUAL+"服务质量评价指标②

要 素	内 容
图书馆的场所(Library as Place)	实际使用的场所、精神的象征和避难所
信息的获取(Access to Information)	信息获取的范围、信息获取的时间限度和方便程度
服务的效果(Affect of Library)	情感作用、可靠性、保障力、服务效率
自我应用的能力(Personal Control)	导航使用方便、服务方便、现代化设备的可靠性

2.重庆图书馆抗战文献资源建设的评价指标

综上所述,重庆图书馆抗战文献资源建设的评价指标体系,可以在我国《省级图书馆评估标准》与美国学术图书馆评价指标体系基础上,学习借鉴"服务质量评价(SERVQUAL)"评价模式与"LIBQUAL+"服务质量评价体系,并将抗战文献资源建设的各个环节,诸如用户满意度,抗战文献的整理开发,服务人员的综合素质,各项服务设施与效率等几方面结合起来,设置科学、全面、系统、规范的评价指标,建立起适合重庆图书馆抗战文献资源建设与服务发展的评价体系(表5-5)。

表5 抗战文献资源建设评价指标体系

一级指标	二级指标
用户的满意度	1.用户满意度 2.用户投诉率 3.用户反馈量
服务人才队伍	1.学历情况 2.专业背景 3.职称结构 4.培训教育

---

① 金更达.图书馆服务质量评价实现探讨[J].大学图书馆学报,2002(3):49-54,92.
② 刘峥.图书馆服务评价与LIBQUAL+[J].图书馆建设,2004(1):45-47.

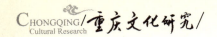

一级指标	二级指标
文献服务工作	1.服务时间 2.服务态度 3.服务设施环境与技术设备 4.服务方式 5.参考咨询服务
文献资源概况	1.文献数量、质量与结构 2.文献保护、修复与普查
文献资源建设	1.书库设施设备 2.书库排架准率 3.印刷型文献建设 4.数字化文献建设 5.借阅与下载流量 6.文献的资源共享
文献整理开发	1.编制二三次文献 2.自建特色数据库 3.数字化资源导航 4.文献的研究项目
文献运行机制	1.用户反馈机制 2.人才培养机制 3.经费分配使用 4.管理机构设置 5.社会参与力量

评价是图书馆的一个常态的科学评测工程,也是一个动态的系统管理过程。图书馆应该根据不同评价对象,对评价指标、评价标准、指标权重等具体问题进一步分析调整,从而使得评价结果更为科学规范、客观公平、准确公正。[①]重庆图书馆抗战文献资源建设的评价指标体系的构建,也是对重庆图书馆抗战文献服务质量的评价过程,且评价指标体系是一个不断修订完善的发展过程。在评价目标、评价范围、评价指标及评价方法上,要保证其科学性与有效性;在引入评价指标过程中,要确保评价细则的客观性与全面性;在服务评价的可操作性上,要适合图书馆发展要求,确保评价工作的有序进行。总之,通过构建重庆图书馆抗战文献资源建设的评价指标体系,从硬件设施、软件供给、文献资源建设、人才队伍与技术支撑等多方面细化评价指标及评价分值,来探究与满足用户对图书馆抗战文献的信息需求与情感需要;通过实施抗战文献资源建设的评价指标体系,积极改进工作管理模式,提高抗战文献资源的推广度与使用率,以规范和提升重庆图书馆抗战文献资源的服务质量;通过实施抗战文献资源建设的评价指标体系,相信可以推动已经"先行一步"的重庆图书馆抗战文献资源建设,在新时期全国"民国时期文献保护计划"项目中发挥举足轻重的积极作用。

---

① 王兆辉,王祝康.图书馆员绩效评价指标体系研究[J].图书馆理论与实践,2015(4):35-38.

浅谈油画创作过程中的主体状态与迹象结果

葛伟

（中南民族大学美术学院,湖北省武汉市,430000）

【摘要】在油画创作过程中,艺术家的作画冲动偏向于其主体状态的充分表达,注重体验创作过程的主体感受。通过画笔在画布上留下的痕迹,进行涂抹组合,呈现出作者意想之中的形态。本文通过理解钟孺乾的《绘画迹象论》中"迹+象+X=画"这一论点,并且结合自我油画创作实践,浅显地探讨在油画创作过程中,由于主体工作状态不同所产生的迹象差异,及其与精神表达的关系。

【关键词】主体状态;迹象;精神表达;艺术创作

在绘画中,发展精细优雅的绘画技巧和灵动的笔触是一个艺术家最基本的创作前提。实际上,那些看似轻松流畅的笔触,来自艺术家长期以来不断对其身体和心灵相结合的这种主体状态方面的训练。"这就是笔触、技法所营造出来的节奏和品质,它体现了'道'的精髓。"①艺术家需要将其个性融入到绘画作品当中,并且通过造迹生象的视觉感官传递出其主体的工作状态,不同的工作状态与造迹生象的过程和结果有着密不可分的关联。

一、画布上落下的迹

迹在绘画中属于最基本的元素之一,绘画的呈现是通过各种各样不同的迹的组合、穿插,同时结合艺术家主体情绪以及创作冲动映射于画布之上。油画创作画面形式最基本的构成,其中有两方面,即线条和笔触。

（1）油画创作中的线条

纵观世界艺术史发展,从阿尔塔米拉的野牛、敦煌壁画的飞天到野兽派绘画轮廓再到新表现主义的奔放线条,其中发展演化的线条越来越表现含蓄和具有象征性质。

在油画中,线条最突出的特质在于它能够暗示出立体形式,在形象轮廓变化中体现出它的节奏感和运动感,当然这是一种通感移情的映射,是自我想象方式外射到线条中去了。

（2）油画创作中的笔触

油画创作中,迹的形式也多种多样,落笔就是一道痕迹,其油画笔触除了薄涂、透明上光或者厚涂,产生不透明的肌理之外,它还可以因浑然一体的笔触或者因变化多端、显而易见的笔触产生极富表现力的绘画形式,从而形成理想的画面效果。

①哈罗德·奥斯本.美学和艺术原理[M].纽约:E.P.杜登出版社,1970:109.

　　许多画家喜欢运用变化多端的笔触来表现画面中生动活泼性质的某一部分,而其他部分毫无痕迹,产生画面的强烈对比,同样的,他们喜欢用不同厚度、长度和方向的笔触来表现不同的形态。相对的另一些画家则喜欢运用均衡统一的笔触来营造其内心的鲜明的图案和标准画面的效果,后印象主义的点彩派画家就是这一类的代表。

　　虽然我们的审美目标可能与之大相径庭,但是,对于画笔痕迹的视觉品质的控制在油画的创作上还是起着至关重要的作用。显然,在油画创作中的线条与笔触隶属于迹的基本范畴。

图1　弗拉芒克《夏都的住宅》(采自国际艺术界网站)　　　　图2　修拉《安涅尔浴场》(采自豆瓣网站)

二、创作中构成的象

　　象在绘画中,涉及形而上学本质问题,具有相对与绝对形式的象。绘画的呈现主要是通过象的构成以及色的和谐,这也是油画创作中画面形式最基本的两个方面,即形象和色调。

　　(1)油画中的形象

　　形象是绘画作品中难以把握的要素之一,所谓"象"其实也是有意味的形式,创作在自我体验的基础上,产生形象意识,这是与画家的个性特征相关的具有创造性的意志活动。

　　油画创作艺术形象是一种特殊的形式,即一种以平面视觉感官方式打动我们的形式。因此,每当我们专注一件此类形象的作品时候,我们将会产生不同程度的情感反应,一种隐性的共鸣和画面代入感。

　　(2)油画中的色彩

　　色彩对绘画起一定的装饰作用,同样色彩可以直接影响心灵,与受众情绪进行直白的联系。例如,蓝色给人以犹豫之感,红色给人以激情之感,绿色给人以安宁之感等等。色彩的感觉在一般美感中是最大众化的形式。

　　线、笔触、形象、色彩四个基本元素构成迹象结果,倾注艺术家主体个性这一无形的因素,最后呈现出一个包含着艺术家情感内涵的绘画主题。

三、艺术家的主体状态

　　每幅作品中,都有其某种个人因素,这是画家独特的世界观,也就是钟孺乾在《绘画迹象论》中谈论的X范畴,画家的感觉、情绪等是主体机能,然而感知的对象是客观存在的,一旦从感觉过渡到超感性状态,那么,这个画家的作品在一定程度上不会仅仅是纯然的视觉艺术,而可以界定为画家个人感觉因素的图案,这种状态在抽象绘画艺术中尤为典型,在以波洛克为代表的行动绘画中留下各种各样的痕迹,都是在破坏和重建两种情形之间进行个体情感的宣泄,在这些画面中有着强烈的个人色彩。相对于此,抽象几何绘画大师蒙德里安则较为理性,在其最后的艺术生涯中用单纯的线条和色彩进行象征性构成绘画。在艺术中有一种情感特质,这种特质不止是对绘画作品的画面组合及其相互关系的一种认知,作品的每一个部分,包括整体都包含一种情调,绘画是主体状态下主观情感的一种具象显现,它将虚幻无形的情感转换成有形有色的视觉作品。在其他艺术形态中,基本都是在主体状态下不知不觉地创造这象征性形式的过程中派生而来的。

图3　波洛克《黑与白·第5号》(采自艺典中国网站)

图4　蒙德里安《红黄蓝的构成》(采自百度百科)

"自我实现者以哲人的态度接受他的自我,接受人性,接受众多的社会生活。接受自然和客观现实,这自然而然地为他的价值系统提供了坚实基础。"①不同艺术家对于油画创作过程有着不同的状态,在情感处理上有理性或感性的风格,在绘画表现上有狂野或静逸的风格等。当然对于各个时期流派艺术家主体状态导致的风格技法无法一一举例说明,在此笔者姑且列出具有鲜明比较性的两类实例进行简析。

例如在欧洲文艺复兴时期,人文主义的艺术主题与追求写实的造型观念是其时代潮流,通过探索解剖学、透视学等,画家将其科学应用在绘画中,提示画面明暗分布的作用等,形成了造型的基本科学原理。当中北方尼德兰画家扬·凡·艾克在创作《乔凡尼·阿尔诺芬尼夫妇肖像》这幅作品中发明了油画,用油彩代替了蛋彩。在这幅画作中,画家通过理性安排将高度精确的笔触和柔和的线条融合得恰到好处,这是一种精微、工整、细腻的油画。

还有在20世纪80年代兴起的新表现主义,抒情写实是每位艺术家的共同特征,其中德国新表现主义女画家多萝泰娅·莎萨尔用质朴的文字、自我的绘画平凡地表达她的人生。她说:"我的每一件作品都是自在

---

①马斯洛.自我实现的人[M].许金声,刘锋,等译.北京:生活·读书·新知三联书店,1987:49.

自为的,它们之间没有连续性。他们像生活一样丰富多彩,没有什么是一成不变的。"①她的作品展现的是一个纯粹的个人世界。这就是将主体状态发挥到极致,仿佛她的艺术是她,她就是她的艺术,达到一种完全的溶解状态。

图5　扬·凡·艾克
《乔凡尼·阿尔诺芬尼夫妇肖像》(采自昵图网)

图6　多萝泰娅·莎萨尔《马路飞燕》
（采自《美术观察》2001年第5期）

四、油画创作过程中主体与迹象的关系

　　"人类这种最高的精神活动,艺术境界与哲理境界,是诞生于一个最自由最充沛的深心的自我。这充沛的自我,真力弥满,万象在旁,掉臂游行,超脱自在,需要空间,供他活动。"②宗白华的这番话,诗意地传达了绘画活动的最佳主体状态。就我个人进行油画创作而言,在一张洁白的画布上,如果我只遵循客观形态,涂抹上相应的颜色,不时地比对存在的物象,那么先前思索的笔触与色彩就会失去主观意义。于是,我在画画时不得不从自我的状态入手,我看到属于自然状态中褐色的树干,它给我带来一种苍劲却又有生命的色彩感受,那么我按照自己的意愿涂上带次绿主褐色的一笔。这一笔与画布的白色就形成一种关系。当我添涂上绿色的叶子,红色的花朵,黄色的泥土等,画布上就会出现多种颜色之间更为复杂的关系。但是这些颜色之间会有强弱抵消的负面效果,因此,我要在画面中结合客观的笔迹、色象以及主观意识,从而取得色调的和谐。我不得不重新组合色彩,从而表达出我的全部知觉。

---

①王端廷.灵魂的映像——读解多萝泰娅·莎萨尔[J].美术观察,2001(5):72-73.
②宗白华.艺境[M].合肥:安徽教育出版社,2006:13.

图7　笔者《入境》布面油画 120cm*60cm 4联幅 2015年　　　图8　笔者《秋收之地三》纸本水粉 46cm*60cm 2014年

　　绘画艺术产生的过程就是为了唤起艺术家个体体验和感受,之后再凭借线条、色彩或者图像等迹象因素将其感受传达给受众,使之产生同样的感官体验。

　　艺术家生活于社会之中,对社会有一定的依赖性,其表现作品的主题思想、情感基调和展示方式都来自他所从属的社会。当然艺术家主体状态下产生的个性特征是反映其性格的意志形式。一幅绘画作品,不仅是周围情景的产物,同样也是个人意志的表现。

　　《绘画迹象论》的作者钟孺乾指出:"'画如其人'这是常言,用来指主体与作品的精神投射关系:什么样的人,画什么样的画,以个体而论,也可以说,有什么样的工作状态,就有什么样的迹象,这是事实。"[①]主体状态与迹象结果以及精神表达之间存在着如此密切而微妙的关系,值得我们重视并深入探究。

参考文献:

[1]钟孺乾.绘画迹象论[M].北京:人民美术出版社,2004.

[2]赫伯特·里德.艺术的真谛[M].王柯平,译.北京:中国人民大学出版社,2004.

[3]简·罗伯森,克雷格·麦克丹尼尔.绘画手册:材料、形式、技法、内容[M].白冰,冯白帆,译.南京:江苏美术出版社,2013.

[4]王端廷.从现代到后现代——西方艺术论说[M].北京:中国人民大学出版社,2005.

① 钟孺乾.绘画迹象论[M].北京:人民美术出版社,2004:116.

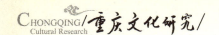

土家族织锦色彩设计文化探微①

向师师

(湖南工业大学,湖南省株洲市,41200)

【摘要】土家族织锦"西兰卡普"是土家族文化传承的重要表现形式,它有着自己特有的色彩文化体系。在色彩表现中西兰卡普以"显色"的方法和"间色"的运用,表现出色彩鲜艳、节奏明快的艺术效果。土家族"西兰卡普"以其丰富的图纹形式和特有的色彩文化体系描述着土家文明的民俗民风。土家族织锦无论是在色彩表现、形式发展上还是在文化传承上都是土家人心理、情感、思维方式、民族性格等各方面的写照,充分反映了土家民族的审美情操和民族意识,以独特的方式显露出土家人的物质文化属性。

【关键词】土家族;织锦;色彩设计;文化特征

一、"西兰卡普"土家族织锦

土家族是我国人口在百万以上的少数民族之一,分布在湘、鄂、川、黔接壤的武陵山区。史称"五溪"之地的湘西北,不仅是土家族先民世代生息的聚居地,也是今天土家族人口最多、分布最广的区域。土家族的民族语言、民族习俗和古老的民间艺术,在这里保留得最为完整。在土家族文化渊源中,土家族特有的色彩文化体系得到了发展,其色彩文化特征主要表现在土家族织锦的用色、服饰的用色和其他日常生活用色等方面。

土家族织锦也称"西兰卡普",其色彩、图案之精美,在我国民族民间工艺中独树一帜。土家语"西兰卡普"是一种土家族织锦,民间称为"打花",古代称之为"斑布",宋代称"溪布"。在土家语里,"西兰"是铺盖的意思,"卡普"是花的意思,"西兰卡普"即土家族人的花铺盖。人们往往在"花铺盖"前冠以"土"字,以标示出这项民间工艺所包含的土家族民族特点。受到土家族人民珍爱的土花铺盖,被视为智慧、技艺的结晶,被称作"土家之花"。按照土家族习惯,过去土家族姑娘出嫁时,都要在织布的机台上制作美丽的"西兰卡普"。

土家族织锦是土家族文化的精粹,它起始于商周,发展于秦汉,基本成型于两晋,成熟在唐宋,明清臻于完美。历代以来,土家族织锦都被土司土官作为上等贡品或著名土特产向朝廷纳贡。五代之前,土家族织锦的产地还处在"喜渔猎、不事商贾"的原始猎渔时代。湘西北的土著人,继永顺县不二门商代石穴古人使用陶纺轮之后,也织出了彩色的葛麻织物,这就使先民们崇拜的形象沿用于土家人的彩织成为可能。②土家族织锦不断的融合与发展,形成了其独特的艺术魅力和色彩文化体系。

---

①2016年度湖南省社科基金"湖湘地域漆工艺文化的脉络传承与创新研究",项目编号:16YBQ024。
②在湘西古丈县白鹤湾战国墓发掘时,发现墓穴中留有"花土",据专家分析这是随葬的彩色葛麻织物腐烂后的痕迹。

二、"西兰卡普"色彩的设计方法

土家族织锦"西兰卡普",古称"斑布",为色彩斑斓之意。色彩艳丽、对比强烈。多以素雅、古朴、沉着示人。土家族织锦西兰卡普的主要原料是丝线、棉线和麻线,在色彩表现中西兰卡普主要以红、蓝、黑、白、黄、紫等颜色的丝线作为经纬,偏好运用暖色,类大橘黄之色为基调。

(一)织锦的染色方法

土家族织锦西兰卡普染色方法有三种:一是植物原色染织;二是化学颜料染织;三为颜色线编织。植物染色有千年历史,土家族织锦的植物染料有:靛青、黄栀子、茜草、椿树皮等,它取材于植物的花、叶、根、皮、果原色,分别染成红、绿、黄、紫、蓝色等。酉水河流域的土家人普遍种植蓼蓝(土家人称蓝靛)用来做天然染料。蓼蓝秋季开花,可从其叶子和茎中提制像天空那样蓝的颜色。在西兰卡普中我们不难发现,蓝色被大范围地运用在土家族织物中,原因就在于此。

据《来凤县志》记载:"上世纪七十年代,来凤县卯洞办有几家木船厂,每年春末夏初上百吨的新木船造好下水,船上满载本地产的金丝桐油顺酉水而下,驶往常德、沙市、武汉等地,连船带油卖给客户,从旱路回程时总带些五彩丝线回山寨,除留给自家用外,也分赊给邻里织锦或绣花用。土家人所称的担担客、花线客是土家山寨时常出现的外地卖彩线的商人。他们挑担串乡走寨叫卖,织锦女现金购买或用大米兑换彩线。"[1]

(二)织锦的配色方法

西兰卡普在色彩调配上颇有讲究,当地的三字歌诀唱道:"黑配白,哪里得。红配绿,选不出。蓝配黄,放光芒。"表明了土花铺盖喜用对比色,用黑白衬托钩提。土家族织锦里的各种钩状、锯齿状、梳齿状、缝合状、连锁等边饰,加上多角形的小花作为点缀,又以黑色衬底,以白色镶边。于是,主次纹样由于黑白的衬托而显得既界限分明,又连成一体。土家族织锦的"显色"原则体现在三种色彩的对比关系上:一是黑白对比,二是冷暖对比,三是补色对比。

在土家族织锦中常以黑色为底,红绿为辅,穿插高明度的黄色线条,间隔在红色与绿色之间,不仅保留了红色与绿色各自的原貌,更突出了形与形之间的轮廓,同时提高了织锦画面的亮度。色彩的冷暖对比能给人们带来远近的空间视觉感受。暖色调有前进之感,而冷色调有后退之意。这种冷暖对比的色彩表现方法,在土家族织锦中得到了合理运用,使织锦的画面呈现出了明显的立体视觉效果。

土家族人有绘画谚语道:"绘画无巧,闹热为生,用色无巧,斑斓为佳。"对比色在土家族织锦中的运用是最普遍的。红与绿、蓝与橙、黄与紫,这三对互补色经常在西兰卡普的图案中出现。常把墨黑、深红、深蓝做底色,以红与绿、黄与紫、蓝与橙分别放置图案中,形成强烈对比,而又不失调合。在色彩边缘又多用白或高明度色彩的线与面交错其间,起到色彩调和的作用,突出主体图案。

土家族织锦中的色彩大多呈现补色对比形式,随处可见浓烈的色彩同时出现在一幅织锦作品中,因此土家族常用大面积的深色使得强烈对比的色彩趋于协调。因为较深的色彩不仅能压制与其并置的艳丽的色彩,还起到稳固视觉的作用。所以土家族织锦常用大红、深蓝、墨黑为底色,尤其以黑色为多。黑白的间隔使这些高纯度的色彩既保留互补色的固有特性,又能够和谐共处。土家族织锦这种以深色为底色,大对比色为图案主体色,黑白色相间为间色的"显色"方法是独具民族特色的。

总之,土家族"西兰卡普"在用色时,既重视其特有的"显色"规律和用色民俗习惯,也不拘一格,天马行

---

①来凤县志编纂委员会.来凤县志[M].武汉:湖北人民出版社,1990.

空,既有唐代五彩缤纷的强烈对比,又有清代素雅大方的色调调和。土家人尚红色、黑色,因红色系暖色,代表光明,黑色为冷色,象征庄重。西兰卡普在红黑色之间以黄蓝白色参差点缀,设色古艳厚重,斑斓多彩,华而不俗,素而不单,对比中显调和,素雅中见多彩,给人以明快、活泼和生机。

三、"西兰卡普"的色彩应用与文化象征

(一)"垂帘式"纹样:土家族织锦的主色与宾色

土家族织锦的织造方法沿用了古代斜织机的腰机式织法。它是将经线拴在腰上,从背面挑织,正面显示图案。土家族织锦图案样式有上百种,但它有着自己的配色规律,不同的图案样式都彰显了土家族特有的色彩文化特征。

唐代末年,江西彭氏入主五溪。土家族人民结束了长期战乱和动荡的渔猎生活,安居下来从事"刀耕火种"的农业生产,反映定居生活的纹样有"神龛花""岩墙花""桌子花""椅子花""箱子花"等[①]。这些纹样体现了土家族"垂帘式"的图案样式,是土家族安居后特有的样式。它们融合了土家族日常生活审美意趣,也寄托了土家族民风民俗的美好寓意。

舍巴日是土家族的重要节日,节日的重要内容是跳摆手舞。土家山寨都有摆手堂,摆手前必祭祀祖先,神龛挂上精美的织锦用于供奉。"神龛花"取材于湘西人堂屋正中的敬神台,它是家居生活的产物。"神龛花"图案采用"垂帘式"二方连续构图,纹样宽大而壮实,高度的几何化,使之难以辨认出具象的形,这是因为没有相对稳定的定居生活以及由此而固结的血缘关系,要追溯祖先是不可能的。

图1　西兰卡普"神龛花"纹样(作者:佚名)

神龛上所供诸神有"天地君亲师"和历代祖先,还有"九天司命"和"太乙府君",这是两千年前楚巫文化的孑遗。湘西的沅、澧二水流域是屈原当年的放逐地。他"窜伏其域,怀忧苦毒,愁思沸郁。出见俗人祭祀之礼,歌舞之乐,其词鄙陋,因作《九歌》之曲"。[②]

《九歌》中的诸神,现仍活跃在湘西民间。"太乙"也称"东皇太一",是"椎牛"祭祖歌中的主神。"九天司命"有如"登九天兮抚彗星"的"少司命"及"大司命"。土家族的"梅山女神"专管狩猎,她赤身来往于狼豺虎豹之间,与"山鬼"的原型接近。

---

①田少煦,胡万卿.土家族民间工艺的文化内涵[J].深圳大学学报(人文社会科学版),2002,19(6):66-72.
②田少煦.湘西土家族盖裙图案考析[J].贵州民族研究,1998(3):87-93.

图2　西兰卡普垂帘式"神龛花"（湖北恩施非物质遗产继承人刘于提供）

在"岩墙花"图案中，为适应图案几何化的编织构图，"岩墙花"转化成由方形、三角形、直线等图形和线条所剪裁组成的几何图形。图案中钩状、锯齿状的花纹围绕中心几何图形层层展开，主色垂直贯穿于织锦的主体，形成色彩基调，而宾色是用对比色来填补着图案的负空间。主色和宾色通过黑白二色间隔开，形成节奏明快的色彩关系。

图3　西兰卡普"岩墙花"纹样（湖北来凤土家族织女满妹提供）

（二）"斜排式"纹样：四方连续的经锦遗风

雍正十三年(1735)"改土归流"的完成，取消了"蛮不出境，汉不入峒"的禁例，土家族地区的经济有了很大程度的发展。汉文化的大量传入，一些常见的吉祥用语和吉祥纹样出现在土家锦上。"福禄寿"采用八达晕的四方连续布局，把相同的文字进行排列。最具特点的是，土家锦是一种通经断纬的纬锦，可自由地变换纬色，但同一图案、同一色彩成直行排列的情况较为多见，可见它还保留着汉代古老的"经锦"遗风。

土人喜服五色斑边框多为两层以上的二方连续组合，中间的立体图案以典型的四方连续。"土人以一手织纬，或间纬以锦，纹陆离有古致"这段文字描写了土家族织锦二方连续和四方连续的经锦风格。土家族织锦的"斜排式"是同一图案、同一色彩呈斜行排列的四方连续，"四十八钩"这个土家族图案样式集中体现了这一特征。

土家族织锦纹样"四十八钩"的含义主要有蜘蛛纹、螃蟹纹、蛙纹、太阳纹、女阴纹、藤钩纹等多种说法。它是以最基本的"八钩"单一形态为原型，以菱形状向四边逐层扩散，呈四方连续组成。层层的放射扩散，形成视觉上的放射状，具有强烈的动势。这个图案的突出之处，在于用纯抽象的几何线条、块面分割，单个装饰元素排列布局，以及对比色彩的并置运用，使之成为了西兰卡普中的经典图案。

从现存的一百多种古老的土家族织锦被面看来，它的整体结构都是由一个基础图案排列而成的。四十八钩的基础图纹是八钩,用几何图形联结起来。由于世界万象之间矛盾重重,要实现土家族的人生理念,必须使所有矛盾统一起来,变不利为利。因而,织女在创作时以八钩为基础,用增加钩纹:十二钩、二十四钩、四十八钩,仍以几何图形(六边形)分多层逐层散开,依次构成了"十二钩""二十四钩"和"四十八钩"各种独立的基础花纹,再把这些独立的基础花纹按土家族织锦传统手法进行"斜排式"排列。

总之,土家族织锦的构型原则是"用几何图形连起来的钩钩相应",也就是土家民俗中所信仰的"钩钩相应,路路相通"。土家族织锦"四十八钩",集中体现了土家族辩证地处理天、地、人、神、物等万象之间"变"与"适变"的对立统一的人生观,寄托着"变不利为大利"的人生理念,是土家人独特的民族哲学,也是土家族特有的文化创意与思想。

四、结语

土家族织锦"西兰卡普"是一种与人们的衣食住行密切相关的文化现象,土家族织锦通过一种物态的艺术形式反映了土家人的文明精神。其无论是在色彩表现、形式发展还是在文化传承上都是土家人心理、情感、思维方式、民族性格等各个方面的具体体现。

在文化艺术价值方面,土家族织锦体现了湘西北土家族的文化传统和文化渊源,充分反映了土家族的审美情操和民族意识,以独特的方式显露出土家族人的物质文化属性。其成为世人了解土家族的品牌形象,研究土家文化的重要窗口。土家族"西兰卡普"以其丰富的图纹形式和特有的色彩文化体系讲述着古老文明的历史进程,被称为"写"在织物上的土家历史。土家族织锦是土家族传统文化中的杰出代表,在整个民族工艺文化中占主要地位,对见证中华民族多元文化有特有的文化价值。

钢琴演奏技艺实践谈

邹俊星

(重庆市文化艺术研究院,重庆市渝中区,400013)

【摘要】本文从研习钢琴演奏的实践,谈作品理解、演奏理念、演奏技法、模拟音色等钢琴的四大演奏技艺。

【关键词】钢琴演奏;技艺研习

钢琴家鲍慧桥认为:"能演奏好外国钢琴曲不一定能演奏好中国钢琴曲。";石叔诚先生则认为:"中国钢琴曲演奏的难点在于对中国民族器乐的表演意识一致的民族风格和民族意蕴的把握和表现上。"中国钢琴音乐作品演奏是钢琴界和钢琴教育界议论较多的话题,也是钢琴教学研究人员和学习人员普遍关注的重要课题。

目前,我国对于钢琴演奏理论的研究还不够深入。中华人民共和国成立之初,曾公开出版了一些外国钢琴演奏理论,引发了我国学者对钢琴演奏理论的关注与探索,由此奠定了钢琴演奏理论研究框架的学术基础。随着新时期中国钢琴教育事业的不断发展,人们更加关注钢琴演奏理论中的各种课题,并且从诸多视角对钢琴的演奏方法、演奏行为和演奏观念等问题进行了深入研究与探讨,系统地分析了钢琴各种演奏现象的形成原因和演变过程,从而揭示了钢琴音乐作品演奏艺术中的内在规律。笔者通过多年的钢琴演奏实践与研习,对此有了一定的认识,将通过本文从作品理解、演奏理念、演奏技法、模拟音色四个方面,谈谈钢琴音乐作品演奏的技艺。

一、作品理解

钢琴音乐作品所涉及的题材非常广泛,从远古传说到现代生活,从民俗风情到人生哲理,从宽阔大地到无际宇宙,可以说是包罗万象。但是,各种题材的钢琴音乐作品与中华民族音乐文化和民族性格有着水乳交融的密切关系,它是博大精深的中国音乐的重要组成部分,是用钢琴这种从西方传来的乐器演绎中国音乐文化的经典作品,无论依据器乐曲和声乐曲改编还是自由创作,钢琴音乐作品内涵丰富、形式多样、涵盖广泛、韵味浓郁、风格独特。从来源上看,中国钢琴音乐作品大致可以分为五类:第一类是根据原有民族民间器乐曲改编而成的,如《二泉映月》《梅花三弄》等;第二类是采用传统音调的原型改编而成的,如《内蒙古民歌主题钢琴小曲七首》《兰花花》等;第三类是汲取传统音调的素材加以扩充发展而成的,如《版纳风情》等;第四类是融入民族音乐色彩创新而成的,如舞剧《鱼美人》选曲4首、《牧童短笛》等;第五类是没有明显区域性却包含中国文化的作品,如《太极》《他山集》等。从形式上来看,有反映重大事件的多乐章的协奏曲,有主题集中而手法不同的变奏曲,有撷取一个画面、一种意境的钢琴小品,更多的则是以变奏手法为主而结构的二部、三部或者多段曲作品等。

演奏者对钢琴音乐作品的理解,主要反映在中国传统文化艺术的美学观念上。演奏者对钢琴音乐作品中美学创意的理解深浅,是分辨钢琴伴奏水平高低的一个重要的标志。当钢琴演奏者在完全掌握了弹奏技巧后,就应当为音乐艺术演绎展现出无限广阔的美好视野,为了取得良好的音乐艺术演绎的效果,要求在知识和审美的基础上,巧妙地使智力、心灵和情感相互结合,把各种音乐要素融合成为一个有机的整体,因此,要动脑筋用审美的心灵去理解隐藏在乐曲中的音乐内容。同时,还要具有演奏家独有的思想和个性,才能演绎出美妙风格的钢琴音乐艺术。我国学者在钢琴演奏技术理论的基础上开展了学术研究,从美学角度分析和理解钢琴作品的演奏技艺内涵和风格,诠释艺术特征,并从人文历史背景和艺术美学思想中获取客观而独特的观点,这种研究理念给钢琴演奏者带来了全新的理解方法与思路。

钢琴音乐作品的复杂性决定了钢琴演奏者必须要深入理解、准确把握作品美的内涵与风格,才能在钢琴演奏中对音乐作品艺术美的表达恰到好处。如由黎英海改编的钢琴曲《夕阳箫鼓》用诗一样美的意境,展示出一幅优美的画卷:江楼钟鼓、临水斜阳、月上东山、风回曲水、花影层叠、水深云际、渔舟唱晚、回澜拍岸、桡鸣远濑等。从这些"斜阳""月夜"等优美的段落中可以看出,乐曲本身有一个时间上的流动变化,不仅使人似乎听到远方寺院中传来的鼓乐声与近处舟船上传来的吹箫声,而且使人似乎看到平静湖面上泛叶归舟与水波拍岸的景象,还能感受到傍晚在湖中荡舟的惬意和晚风的阵阵寒意。钢琴演奏者正是由于对诗一般美的主题,有着深刻的理解,通过想象在意念中产生一幅幅惟妙惟肖、绘声绘色美的画面,再通过演奏技巧把这些美的画面传达给听众,达到演奏者和听众融为一体的音乐艺术效果。

《夕阳箫鼓》是由一个主题音乐旋律及其变化发展构成,以及若干对比音乐材料穿插而成的乐曲,它需要调动钢琴的各种表现力来渲染中国民乐的神韵和意境,这是钢琴音乐艺术家永恒的追求。"所谓'鸟鸣山更幽',其真正意义在于表现宇宙自然无限深邃的寂静,而时间在此曲的演奏中促成了空间的无限和永恒。"[①]

二、演奏理念

演奏理念是演奏者对于所演绎的音乐作品的内容揭示、形象刻画、情绪抒发、意境营造等方面的总体构思;是对多声交织、旋律呈现、音响效果、风格把握等情况变化的预先设计;是对音色控制、指法选择、节奏把握、乐句弹法、音响变化、踏板运用等表现手段的有效调度。

1.多声融合的立体感

中国钢琴音乐作品同欧洲钢琴音乐作品的演奏一样,首先要考虑的是充分体现钢琴这种多声乐器的表现性能,即能弹奏音乐旋律线条突出、音乐伴奏织体生动的主调音乐,又能弹奏多层面多线条交错演进、总体结合丰富融会的复调音乐。中国钢琴音乐作品的演奏,要注重多声部展示、立体化思维理念的培养和形成,摒弃片面运用单声部单线条变化繁衍的旧的观念;同时调动有效的技术手段,清晰呈现多层次多线条艺术个性与融合共处的音响效果。

由于钢琴艺术是从西方传来的,因此,西方钢琴作品都是出自西方作曲家的音乐创作,对其艺术风格特点的分析也离不开西方的文化大背景,而中国作曲家揭示钢琴音乐演奏的本质时,既有西方的理念,又有中

①吴雪蕾.释析《夕阳箫鼓》的钢琴演奏[J].上饶师范学院学报,2004(1):106–108.

国美学的综合因素,使钢琴音乐演奏艺术具有了中西文化音乐艺术相互交融的特征。

2.传统音乐的线条感

在浩瀚的中国传统音乐作品中,无论民间歌曲、民间歌舞,还是戏曲音乐和说唱音乐,其调式明确、个性鲜明的音乐旋律线条,是中国音乐的主要呈现、存在和流传的方式。因此,讲究单声横向思维的音乐艺术十分突出,中国钢琴音乐艺术在一定程度上继承和发扬了传统音乐这种突出音乐旋律线条的特点。在为钢琴这种多声乐器进行音乐创作和编配曲目的时候,充分发挥主题曲调在揭示音乐内容、刻画音乐艺术形象的主导作用,许多脍炙人口的钢琴音乐作品之所以久弹不衰、历久弥新与此有着直接的关系。从实质上讲,钢琴音乐艺术是一种"线性艺术"。钢琴音乐演奏中的意境,是不受其"面"限制的,而起决定作用的是心中之意,意又促进音乐旋律在"面"上的变化,但究其音乐实质却仍然是"线"。而传统艺术又有它的两面性,即人们常说的最美的"线"是一波三折的。"树无一寸直"是国画界的一句谚语,它说明"以曲显直"才叫艺术。然而,曲又不能走向极端——一旦真的成了龙爪槐那样的"弯弯绕",力度又在哪里,风骨又在何方? 所以正确处理直与曲的关系,就成为一切艺术门类的重要课题之一。钢琴音乐作品的演奏也讲究"三",而且以音乐旋律的一波三折为最美的线条感。钢琴音乐作品的演奏,既要考虑钢琴音乐多声交织的立体化,又要注重传统音乐突出音乐旋律的线条性,恰当处理二者之间的辩证关系,避免强调立体化而丢掉线条性,或与此相反的极端化倾向。钢琴演奏者应当努力发掘钢琴音乐艺术的表现力和主题曲调的"表情特色",采用适宜的乐句弹法使其产生人们审美要求的、激动人心的、富于音乐魅力的歌唱性音调。

3.钢琴演奏的即兴感

钢琴音乐作品演奏中对于速度与节拍时值的把握是一个不容忽视的问题。这里所指的速度不是标记在乐谱上面的基本速度,也不是标记在乐谱中间的变化速度,而是指中国民族乐器演奏时的即兴发挥或根据感情变化而变化的速度。演奏者随着乐曲自身的抑扬顿挫、作品情绪的变化以及演奏者内心碰撞出的激情火花,使之产生节拍节奏的微妙变化所形成的演奏速度的变化。钢琴音乐作品演奏的这一特点,使得音乐作品的演绎避免了生硬和呆板,从而使其音乐作品显现出栩栩如生的灵性与动人心弦的活力,这是钢琴音乐演奏对节拍节奏的把握、弹性张力控制等方面,与欧洲钢琴音乐演奏的明显区别之一。钢琴音乐是根据民族民间乐器演奏中的"死曲活奏""拍节可无定值"的开放性表述方式演奏,来源于传统音乐二度创作"以人为本"的美学意识。这种速度和节拍的微妙变化往往不需要在谱面上标记出来,是由演奏者心领神会地根据感情变化而即兴发挥,这是中国特色的器乐演奏中与生俱来,自然形成的本能。缺乏这种本能,钢琴音乐演奏便失去了艺术特色和美的韵味,失去了东方音乐独具的艺术魅力。

三、演奏技法

钢琴音乐作品的演奏对于钢琴弹奏技术的要求,同欧洲钢琴音乐对于弹奏技术的要求一样——扎实过硬的连奏技术、断奏技术(跳音、顿音、半连音、保持音等)、装饰性弹法;单音、双音、和弦、八度、音阶、琶音等;手指技术、手腕技术、大小臂挥动技术、踏板技术等。为了掌握各类各种钢琴演奏技术,需要勤奋刻苦、持之以恒、旷日经久、不厌其烦地练习和磨砺,需要付出心血和汗水、脑力与体力消耗的代价。

严格说来,钢琴演奏作为一个整体大系统,包括了琴法(技术)、琴艺(表演)和琴韵(风格)三个子系统。琴法是演奏者实现音乐表演艺术的重要手段;琴艺是演奏者体现全部音乐艺术内容的整个过程;琴韵是演奏者对于音乐作品风格的总体反映。其中,琴法又分为手指、手腕、手臂、身体、耳音、心智、气息、神韵、化境,并以此感悟钢琴演奏中"琴人合一"和谐之美的境界。手指是钢琴演奏中触键方式和音色控制的基础,手腕是连接手指与手臂的"中转站"和"调节器",手臂是控制手指与手腕的"发力源"和"调节阀",身体是高度协调配合演奏的本源,耳音是倾听演奏全过程最重要的中心环节(耳音好否直接影响演奏的好否),心智是包含感性和理性的全部心理活动过程,气息是控制整体音乐结构的能力,神韵是领悟作曲家心灵信息的美好意境,而化境是钢琴演奏中达到忘我的最高层次。上述的手指、手腕、手臂和身体称为"外向功"(即可以造就一位钢琴演奏匠人);耳音、心智、气息和神韵称为"内向功"(即可以造就一位钢琴演奏家);而化境则可以造就一位钢琴演奏大师,这体现了一种出神入化的最高音乐艺术境界。

东方钢琴音乐是以东方的五声调式为基础,即五声性的六声或者七声调式。其本质仍然属于五声性质。调式多为宫调式、徵调式、商调式、羽调式和角调式的五声调式,旋法特点以及和声与复调多声结合的原则,是以二度、四度、五度为主,即使按照大小调体系有关原则创作的钢琴音乐作品,同传统的欧洲钢琴音乐作品也有明显区别。这类东方五声性音乐作品用琵琶和古筝等民族乐器演奏方便流畅、自然和谐,但用钢琴演奏起来并非易事。这类以大二度、纯四度和纯五度为主的音程与和弦,在钢琴弹奏过程中必然带来指法和键位的安排问题,尤其在连奏时更加明显,无法回避。这是因为欧洲传统的钢琴音乐演奏,均以三度结合的原则为主,音程与和弦对于钢琴的键位和弹奏指法有着自然的适应性,加之数百年来浩如烟海的钢琴练习曲和钢琴乐曲的反复训练和普遍运用,人们的演奏意识或者指法技术方面似乎自然天成。二、四、五度结合原则的音程与和弦的钢琴弹奏,在演奏意识和指法技术方面无疑需要进行一场长时间的改革性的变化。钢琴演奏家和作曲家们,已经在这个方面做出了可贵的努力和贡献。

黎英海的《五声音调钢琴指法练习》对民族民间音乐中宫、商、角、徵、羽五声调式的音阶、双音、和弦、分解和弦及琶音指法进行了合理安排,针对具体技术项目设计了行之有效的练习曲。其中,包括同主音调式移宫移调练习、双音练习、固定陪衬声部练习、四五度和弦琶音练习、音型化变速练习、音型八度移位练习、八度和声加花练习及五声性装饰音加花练习等诸多钢琴演奏技法的训练内容。

赵晓生创作具民族风格的钢琴练习由——《音乐会练习曲六首》,是民族风格浓郁的钢琴练习曲中的珍品,共由6首作品组成,每首作品的标题言简意赅、生动贴切,具有音乐艺术形象刻画与演奏技术提示的双重作用。作者在创作这些五声调式钢琴练习曲的时候,在运用民间歌曲和民间音乐素材的同时,借鉴了肖邦、李斯特标题性音乐会钢琴练习曲的方法,将专项钢琴音乐演奏技术的训练与一定的音乐形象联系起来,有助于发挥演奏者的艺术想象能力和创造能力,从而达到掌握技术与刻画形象的双重目的。

四、模拟音色

所谓模拟音色,是指依靠琴槌击弦发音的键盘乐器,在演奏某些中国钢琴音乐作品时,运用演奏者对音色的想象能力及恰到好处的按键方法,产生某些民族民间乐器的声音效果和自然界的音响,引起听众丰富的联想及想象,使得音乐作品惟妙惟肖、生动感人的一种钢琴演奏技法。例如,著名钢琴演奏家殷承宗在钢琴伴奏革命现代京剧《红灯记》中,模仿高尖京胡手音的"刚、柔、厚、美、脆、亮、溜、纯",就是很好的说明。在钢琴音乐作品演奏中,对于这种模拟音色的悟性和把握,是一个不可回避的、非常重要的技术技巧问题。之所以是技术技巧问题,是因为作曲家创作或改编钢琴音乐作品的时候,有着关于民族民间乐器声音或自然界音响的考虑和设计。演奏者在演绎此类钢琴音乐作品的时候,为了体现原创的音乐意境、揭示音乐作品的艺术内涵,需要与民乐音响和自然音响相适应的技术手段及特定的按键方法,还需要与民乐音响和自然音响相适应的演奏音色及超强悟性。

钢琴音乐作品的演奏,需要解决和处理好演奏理念与技术特点的问题,需要学习和掌握民族民间音乐的风格、特色和韵味,并且将这些元素灵活地运用于钢琴作品的演奏诠释过程中。因此,学习民间歌曲、民族民间器乐曲、戏曲音乐等,乃至对古典诗词的学习,对于出神入化地演绎中国钢琴音乐作品,都是非常必要的。

有关"义"的重庆故事

雷平

(重庆市文化委员会,重庆市江北区,400020)

如果要把重庆文化的内核特征聚结成一个字的话,这就是"义"。重庆人豪气奔放,以"义"为先,即便是外地人到了重庆,也会受地缘影响,展示一下他的义气。"义"既是重庆的人文文化,也是重庆的地域文化,更是重庆走向新时代的精神内核。

重庆人重义气,为助友两肋插刀不顾一切,为信仰冲锋陷阵不惜牺牲生命。这种一点就燃的火炮儿脾气,是"义"的一种形态表象。实话实说,重"义"并不是重庆人一时冲动或为一事冲动,而是刻进骨子,浸入心田的性格本质,是从娘胎里带来的,有着深远的历史渊源。否则,这座城市为什么不排外? 为什么能包容万物? 要知道,这是个移民城市啊!

绝不是我个人在这里信口开河,有事实为证,有典故作证。在重庆这方土地上,曾经发生过成千上万为"义"而生,为"义"而死的故事。

一、远古典故

巴务相统一了五族,合巴、樊、相、曋、郑五姓的五个部落,为一个部落联盟。巴务相称君,樊、曋、相、郑四姓称臣,务相被尊为廪君,含义有四:一是"廪"为"谷所振人也",即谷仓。民以食为天,故"廪君"能惠民,让粮食有余的君主。二是,"廪,治也",即治理民众的君主。还有两说,一种认为古巴人历来崇敬虎,廪即虎的意思,表示巴务相凶悍勇武。另一说,"廪"可能是"灵"的误写,巴人无字,后人用汉字记载巴人事,常用音近字代替,廪、灵音近,故廪君就是灵君。

不多久,清江边方圆25平方公里武落钟离山的野兽、山果和鱼虾资源,已经不能满足联合部落人口增长的需要了,廪君决定率各部寻找更大的地盘。廪君决定不但要发挥自己部落善于捕鱼、打猎的优势,还要学会农耕,于是沿清江向东发展。

一行人浩浩荡荡顺流而下,历经千山万水,千难万险,却没找到一处合适的地方。那一天,烟云水雾中,有人看见前方出现一片平地,廪君命令靠岸。

"欢迎远方的客人来到盐阳。"娇媚的嗓音从前面传来,仿佛一道阳光,驱散了船队前头的薄雾。一位年轻美貌的女子,长发披肩,头戴五草花环,项饰鱼骨兽牙,笑盈盈地迎着廪君走来。她赤脚踩在水上,如履平地,白衣随着晨风翩然起舞。身后跟着两个手捧鱼干瓜果的使女。

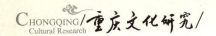

"我是盐水神女,久居此处。"她笑盈盈地说,径直向俊朗青年巴务相走来,递上盛满清澈果酒的石盅。

廪君喝了果酒,盛情难却,便率众人停靠盐阳。

"此地虽不广大,但有鱼有盐,果腹不难,我愿留君共居。"美女说出心愿,提出了挽留之辞。廪君万万没有想到,神女对他一见钟情。

经过几日观察,廪君认为盐阳虽盛产鱼盐,但不产稻米,地盘亦小,不是一个理想的久居之处。

于是,在某个晨光初露的早上,巴人们做好出发的准备,纷纷登上泥船,等待号令。廪君正要作别神女,突然,她翻身跃向空中,发动诸神变成飞虫,顿时天黑蔽日,阳光被层层阻隔,大地一片昏暗。神女也消失在飞虫之中。

巴人辨不清方向,无法渡水前行。

此后,盐水神女夜夜来伴,爱意缠绵。廪君多次提及启程之事,她总是笑意相劝:"多待一日,不必如此心急。"廪君心知飞虫是神女召唤,但他为神女的深情感动,爱上了这个女子。属下们看出廪君的犹豫,纷纷进言:"廪君,飞虫阻我前路,已有多日,您立该速作决断!""盐阳决非久居之所,如今你要自食其言吗?"

属下们不能化解女神的神力,寸步难迈。廪君沉思良久,从头上割下一缕青丝,派人送给盐水神女,并传过话去:"请系上这一缕青丝,如若适合你,我便与你长住盐阳,缠绵到老,同生共死。"

神女信以为真,欣然接受。是夜,廪君看见她颈上环绕着细密的雄性毛发。

又一个清晨,神女作别前仍然化成飞虫,阻挡爱人离去。廪君心里有数,站上一块大青石,拉开巨弓直指颈上飘逸青丝的飞虫。

盐水神女浑身是血自空中坠落,白衣胜雪,让那一抹鲜红分外醒目,幽怨的眼神湮没在盐阳奔腾沃野的碧波之中。

务相明白,在成为廪君的同时,必须舍弃一切个人的某些欲望,他亲手谋杀所爱的女子,剥夺了女神生的权利,实属万不得已,虽有惋惜,但义无反顾,带领部族由清江而入长江再入大宁河,在白鹿引导下,来到巫溪宁厂。巴人在此定居下来,形成了古代巴国最早的雏形。

多年后,在部族战争中,廪君身受剑伤亡殁,魂魄化作白虎飞天而去,是为重庆土著信奉的图腾。

后来,楚国西征,巴国不断西退。《华阳国志·巴志》载:"巴子时虽都江州(重庆),或治垫江(合川),或治平都(丰都),后治阆中。其先王陵墓多在枳(涪陵)。"《华阳国志·巴志》又说:到了战国时期,"七国称王,巴亦称王"。其疆域"东至鱼复(奉节),西至僰道(宜宾),北接汉中,南极黔涪"。

巴国前后近千年历史,后为秦所灭。国虽亡,人还在,世世代代,沧海桑田。廪君传奇,又是一出为义而为的动人实例。

二、古代典故

1.刘备托孤

蜀汉昭烈皇帝,史家称为先主的刘备,兵败长江三峡,最后客死重庆,也是为了一腔义气。

(1)关羽被杀。公元219年,刘备斩杀曹操名将夏侯渊,击败曹操、占据战略要地汉中。在节节胜利之下,刘备的兄弟关羽孤军北伐曹魏,水淹七军、擒于禁、斩庞德,威震华夏,围曹仁于襄阳,获得军事上的顶峰。但是他后方空虚,东吴大将军吕蒙以白衣计乘机夺取荆州,最后关羽被吴军所擒,遭杀。"失荆州"使刘备元气大伤,蜀汉政权开始走下坡路。

(2)刘备复仇。公元221年,刘备为投吴国夺荆州杀弟关羽之仇,不听诸葛亮劝告,亲率蜀汉军队70多万人,从成都出发,向东挺进对吴国发动了大规模战争。当时,两国的国界已移到巫山,长江三峡成为两国之间的主要通道。刘备派将军吴班、冯习率领4万人为先头部队,夺取峡口,攻入吴境,在今湖北巴东击破吴军李异、刘阿部,占领秭归。

吴国皇帝孙权任命右护军、镇西将军陆逊为大都督,统率朱然、潘璋、韩当、徐盛、孙桓等部共5万人开赴前线,抵御蜀军。

陆逊来到前线,对双方兵力、士气及地形等认真分析,认为刘备求胜心切,兵势强大,居高守险,锐气正盛,应暂避锋芒,伺机而破。他果断实施战略退却,后撤到今湖北宜昌、猇亭一线防御,完全退出了高山峻谷,把兵力难以展开的数百里长江峡谷险地留给蜀军。

公元222年2月,刘备亲率主力从秭归进抵猇亭,深入吴境二三百公里,建立大营。由于吴军遏阻抵御,蜀军东进的势头停顿下来。吴军扼守要地、坚不出战,蜀军不得已乃在巫峡、建平至夷陵一线数百里建立几十个营寨。刘备遣前部都督张南率兵围攻驻守夷陵的孙桓。孙桓是孙权的侄儿,吴军诸将纷纷要求出兵救援,但陆逊深知孙桓素得士众之心,夷陵城坚粮足,拒绝分兵援助,避免了分散和过早消耗兵力。

从正月到6月,两军相持不决。刘备急于决战,频繁派人到阵前辱骂挑战,但陆逊忍辱负重不予理睬。刘备派吴班率数千人在平地立营,又在山谷埋伏8000人马,引诱吴军出战,企图伺机聚歼。陆逊坚守不战,打破了刘备倚恃优势兵力企求速战速决的战略意图。蜀军将士逐渐斗志涣散松懈。

6月的西南,正值酷暑,热气逼人,蜀军将士不胜其苦。刘备只好让水军舍舟转移到陆上,扎营于深山密林,依傍溪涧,屯兵休整,准备秋后再进攻。由于蜀军处于吴境五六百里的崎岖山道上,远离后方,后勤保障困难,加上刘备百里连营,兵力分散,为陆逊实施战略反击提供了可乘之机。

(3)陆逊用计。陆逊看到蜀军士气沮丧,放弃了水陆并进、夹击吴军的作战方针,认为时机已经成熟。当时天气闷热,蜀军营寨由木栅筑成,周围全是树林、杂草。决战开始后,陆逊命令吴军士卒各持茅草一把,乘夜突袭蜀军营寨,顺风放火,顿时火势猛烈,蜀军大乱,被迫西退。

吴将朱然率军5000人首破蜀军前锋,直插后部,与韩当进围蜀军于宜昌西,切断了退路。潘璋大破蜀军冯习部,诸葛瑾、骆统、周胤诸部配合陆逊主力在猇亭发起攻击。守御夷陵的孙桓也主动出击、投入战斗。很快,吴军攻破蜀营40余座,并且用水军截断了蜀军长江两岸的联系。

蜀将张南、冯习及土著部族首领沙摩柯等阵亡,杜路、刘宁卸甲投降。刘备逃往夷陵西北马鞍山据险自卫。陆逊集中兵力,四面围攻,又歼蜀军数万。至此,蜀军溃不成军,大部死伤或逃散,车、船军用物资丧失殆尽。刘备乘夜突围逃遁,行至今巴东,被吴将孙桓追逼,几乎被擒,后卫将军傅彤等被杀。刘备依赖驿站人员焚烧装备堵塞山道,才得以摆脱追兵,逃入鱼复城中(重庆奉节)。

刘备败退鱼复,改县名为"永安",大量征集民夫,大兴土木,修建雄伟壮观的行宫,将政殿和内庭移至永安宫,大有长期坚守抗战之意。

陆逊顾忌曹魏乘机浑水摸鱼、袭击后方,见好就收。九月,曹魏果然攻吴,因陆逊早有准备,魏军终于无功而返。

次年4月,刘备羞于夷陵惨败,悲恨交集,体质大为衰落,竟然一病不起,终于公元223年夏6月10日,崩殂于永安宫,时年63岁。永安,真的成了刘备永安之处。

殁前,刘备自知疾病难以治好,将不久于人世,派人日夜兼程赶赴成都,急召诸葛亮到奉节,托付后事,这就是被后人津津乐道的,君臣之间肝胆相照的千古佳话——托孤。

据《夔州府志》考证,永安宫故址就在奉节师范校园内。

(4)永安托孤。诸葛亮留太子刘禅守成都,带刘备的另外两个儿子刘永、刘理直奔永安城,进了永安宫,看到刘备病得不成样子,慌忙拜倒在跟前。

刘备叫诸葛亮坐在身边,用手摸着他的肩背说:"自从得了丞相,我发展了事业,只是由于知识浅薄,没听丞相奉劝,惨遭失败,万分后悔。这病是难好了,我儿子能力太弱,不得不将大事托付于你。"刘备说完,泪流满面。随后召集众将官,当面写了遗嘱交给诸葛亮。

诸葛亮拜倒在地说:"望陛下好好安怎,臣等一定全力效劳,辅助太子。"

刘备叫左右扶起诸葛亮,一手掩泪,一手握住诸葛亮的手说:"我现在快要死了,阁下才干高于曹丕十倍,一定能成大事,使国家安定,如果刘禅可就助,实在不行,你作两川之主。"

诸葛亮听到此话,立即哭拜在地说:"臣一定尽力辅助太子,到死为止。"刘备请诸葛亮坐在身旁,对刘永、刘理吩咐道:"你们要记住,我死后,你们弟兄三人,要把丞相当作父亲,不能怠慢。"说完,叫两个儿子拜在诸葛亮跟前,接着又对众将官说:"我已把国家大事托拜给丞相,要我儿子待他像父亲一样,诸位也不可怠慢。"言毕,闭上了双眼。

后来,诸葛亮没有食言,也是为义而为,鞠躬尽瘁,死而后已。

2.明玉珍称帝

明玉珍湖北随州人,在重庆江北嘴筑城称帝,还是为了一个"义"字。当年,农民军在湖北起义的时候,他与陈友谅二人是义军红巾军天完领袖徐寿辉的左右二臂,后来义军兵分两路,徐寿辉带领陈友谅攻蜀,明玉珍侵巴。结果,陈友谅起了野心,把徐寿辉杀了,攻下成都自立为帝。明玉珍占领重庆,自然不会服气,建立大夏国,自立为皇帝,要为徐寿辉报仇雪恨。

(1)起事。元朝至正十一年(1351),农民战争爆发,明玉珍集乡兵千余人屯青山,结栅自固。至正十三年(1353)冬,22岁时参加徐寿辉领导的西系天完红巾军,任统军元帅。他作战勇猛,身先士卒,右眼负伤失明。至正十七年(1357)春,奉命领兵西征,由巫峡入蜀,摧毁了元朝在四川周边地区的残暴统治,遂以重庆为据点,被授为陇蜀右丞。次年,攻克嘉定(四川乐山),渐占川蜀全境。至正二十年(1360)夏,陈友谅杀徐寿辉自立为帝,明玉珍不与相通,自称陇蜀王,立徐寿辉庙于重庆城南,四时致祭,并追尊他为应天启运献武皇帝,庙号世宗。

至正二十一年(1361)夏,明玉珍以元进士刘桢为参谋,击溃元军四川主力,"由是蜀中郡县相继下,玉珍尽有川蜀之地",接着进一步南征北讨,东进西击。

(2)登基。至正二十二年(1362)三月,受刘桢等人拥立明玉珍称帝。国号大夏,建元年号天统,以恢复汉族王朝统治为号召,定都重庆。其辖区内实现了社会安定、生产恢复和发展。大夏国的疆域,含今重庆市及四川东部和北部、陕西南部、湖北西部、贵州北部。

至正二十三年(1363)冬,明玉珍遣万胜领兵攻云南,打败元梁王孛罗帖木儿。不久,梁王联合大理土官段功反攻,万胜孤军无援,退回重庆。

至正二十五年(1365)春,明玉珍改六卿为中书省枢密院,以戴寿、万胜为左、右丞相,向大亨、张文炳为知枢密院事,邹兴、吴友仁等为平章(同参国事的地方高级长官)。同年秋,遣使与朱元璋通好。

(3)去世。至正二十六年(1366)夏,明玉珍病故,遗嘱臣下固守川蜀,勿取中原。谥号钦文昭武皇帝,庙号太祖。同年九月,葬于重庆江北宝盖山陵。儿子明升继位,改元开熙。

明洪武四年(1371),朱元璋遣使劝降,明升不从。洪武四年春,朱元璋遣汤和、廖永忠、傅友德等领兵征蜀,夏军败溃。同年六月,明兵抵达重庆,明升出降,夏亡。

(4)明墓。1982年3月,湮没数百年的明墓"睿陵"在重庆江北上横街织布厂施工现场发现,墓中出土了玄宫之碑及大批丝织品等珍贵文物,为研究重庆地方史和元末战争史提供了宝贵资料。

(5)玄宫碑明玉珍墓葬的发现,特别是"玄宫之碑"的出土,澄清了旧籍中一些纷纭的记载。诸如,明玉珍的生年、入葬时间、大夏政权建立的时间地点,明玉珍在位的准确时间,等等。碑文中所记明玉珍称王称帝前历任官职、大夏政权的官制等弥补了文献记载的缺漏。

(6)遗闻据说,重庆弹子石大佛寺五佛殿中、右旁斜坐卧像、缺右眼的普贤菩萨像,建于明永乐十九年(1421)为元末大夏国皇帝明玉珍真容雕像。史记明玉珍"与元将哈林秃连战湖中,飞矢中其右目,逐眇"而失右眼。据考证,现存唯一的这座明玉珍真容雕像,是身为大夏红巾军后裔的工匠秘密建成,其真实身份在隐藏了近600年后,为大夏开国元勋、右丞相万胜后裔万宁发现。五佛殿中对应的骑狮文殊菩萨像,实为反元南方红巾军领袖,明玉珍曾经的上司,天完国皇帝徐寿辉真容雕像。

明玉珍完成了他报恩徐寿辉的义举。

三、现代典故

1.杨闇公

革命先辈杨闇公烈士抛头颅洒热血,惨死在敌人屠刀之下,是为了"义",为了信仰。

杨闇公,又名杨尚述,杨尚昆主席的四哥,重庆潼南人,生于1898年3月10日。从小受到爱国主义教育,立志救国,在革命战斗中逐渐成长。1925年10月,中共四川地方委员会成立,杨闇公被选为书记。

杨闇公一生辉煌壮烈,犹如不断升腾的烈火。他是中国共产党最早将武装斗争付诸实践,并为之献出生命的革命家之一。在无产阶级上升成为统治阶级以前,以武装的革命反对武装的反革命是中国革命的基本特点,毛泽东、蔡和森、李大钊等都曾为此做出过理论的贡献。党成立以后提出的民主革命纲领则坚决排斥了和平改良的道路。第一次国共合作的建立和北伐战争的开展,为党实践掌握革命武装,开展武装斗争提供了契机,毛泽东、周恩来等进行积极实践。但是,由于党处在幼年时期,一度被错误路线阻挠。

然而,以杨闇公为首的中共重庆地委审时度势,勇敢地、创造性地迈出了掌握革命武装,独立领导武装斗争的步伐。1926年8月,重庆地委提出了在四川"扶起朱德、刘伯承同志,造成一系列军队"的战略主张,决定在顺庆、泸州一线发动武装起义,以配合北伐战争。党中央决定在重庆地委内增设军事委员会,由杨闇公任书记,朱德、刘伯承为委员,陈毅也参加了领导工作。杨闇公以川军中的共产党员和革命军官掌握的6个旅为骨干,成立了国民党川军各路总指挥部,由刘伯承任总指挥。

顺泸起义于1926年12月初打响,很快便占领了泸州和顺庆,震撼了四川军阀。这次起义虽然在反革命势力的联合绞杀下失败了,但是,顺泸起义是中共重庆地委直接领导的第一次大规模武装起义,更是中国共产党最早独立领导的大规模军事行动。它积累了党领导军事的经验,参与领导起义并取得宝贵经验的吴玉章、刘伯承、朱德、陈毅等一批闇公战友,均成为后来"南昌起义"的骨干和中坚。

在杨闇公领导下,中共重庆地委在统一战线、武装斗争和党的建设方面开展了创造性的工作,四川地区出现了党组织坚强,国共合作巩固,群众运动高涨,武装斗争声势浩大的新局面,一跃成为全国革命形势发展最好的地区之一。1927年3月,正当刘伯承率军激战于前线的时候,英帝国主义制造了南京血案,重庆地委在打枪坝(今重庆通远门右侧老城墙边上)组织抗议暴行的群众大会。3月31日,反动军阀刘湘与蒋介石勾结,在重庆大开杀戒,制造了骇人听闻的"三·三一"大惨案。杨闇公同志在惨案中脱险后,于4月4日乘船前往武汉向党中央汇报,因叛徒告密,不幸被捕,被囚禁在佛图关蓝文彬七师的司令部内。面对敌人的利诱和严刑,他坚贞不屈,大义凛然,高呼"打倒帝国主义!""打倒军阀!""中国共产党万岁!"军阀震惧,割其舌,断

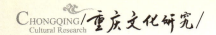

其手,剜其目,最后他身中三弹,于1927年4月6日壮烈牺牲于佛图关。他以生命和热血实践了自己的人生格言:"人生如马掌铁,磨灭方休。"

2.红岩烈士

离重庆解放只剩下几天时间了,渣滓洞、白公馆的300多位英烈,不是没有机会生还,但他们没有投降,没有犹豫,赴汤蹈火,为了信仰,舍生取义,他们留下的是对后人教育之"义"。

(1)许晓轩的遗言

被捕前,许晓轩(小说《红岩》中许云峰的原型)担任中共重庆市委新市区区委书记。1940年,因叛徒出卖遭到特务逮捕。他曾被关押在重庆望龙门军统看守所,当时,他的家人通过民主人士黄炎培、国民党元老吴稚晖等出面营救。特务表示,只要许晓轩登报自首,就立即释放。许晓轩在一张废香烟纸上用铅笔写下"宁关不屈"四个字,托人传递给家人,以此表达革命到底,舍生取义的决心。

许晓轩被囚禁在息烽监狱期间,集中营主任周养浩让他在树上刻一条"先忧后乐,忠党爱国"的标语。许晓轩只刻上"先忧后乐"四个字后,便故意蹬翻梯子从树上跌落,摔伤了手,以此拒绝续刻"忠党爱国"。

(2)陈然《论气节》

陈然是小说《红岩》里成岗的原型,《挺进报》的制作者。

陈然在《论气节》中写到,一名共产党员"在平时能安贫乐道,坚守自己的岗位;在富贵荣华的诱惑之下能不动心志;在狂风暴雨袭击下能坚定信念,而不惊慌失措",从而做到"以身殉真理"。

《挺进报》的文稿由电讯负责人提供,陈然不知道具体是谁。他发现,每次转来的电讯稿字迹工整、一笔不苟,有时文句断了,句子后面会打上省略号并注明原因。电讯负责人这种认真的工作态度让陈然印象深刻,他想写信给对方表达敬意。上级考虑到秘密工作纪律,没有同意。陈然多次向上级恳求,终于获得允许写一两句话,不签名,由组织转交的许可。陈然想写的话太多,考虑了很久,最后只写了:"致以革命的敬礼!"几天后,陈然收到电讯负责人的回信,信中也简单写了一句:"紧紧地握你的手!"陈然、成善谋被捕后,在国民党法庭上,当法官宣读判词"成善谋,挺进报电讯负责人;陈然,挺进报负责人,印刷挺进报"时,二人才恍然大悟。他们在法庭上紧紧拥抱,不约而同地说出:"紧紧地握你的手!""致以革命的敬礼!"

(3)谁也不能动摇我的意志

刘国鋕(小说《红岩》里刘思扬的原型)的亲属曾多次试图营救他,都没成功。这一次,徐远举(原国民党保密局西南特区区长兼西南长官公署二处处长)又把刘国鋕的亲属带到白公馆说,可以放宽条件。徐远举把刘国鋕提了出来,让其和亲属直接谈话。亲属把"退党声明"送过来,刘国鋕拒绝签字。

他对亲属说:"有党在,我等于没死。如果我出卖组织,活着也没意义。我是宁愿坐牢,宁愿枪毙,也绝对不会在这样的声明上签字!我有我的信念、意志和决心,这是谁也动摇不了的!我在入党时就宣誓自愿为我献身的事业牺牲自己,那不是说着玩的。你们不要再管我,也不要再来了。"

(4)每个人都是倔强的

江竹筠(小说《红岩》里江姐的原型)受刑时曾昏死三次,但她说:"毒刑是太小的考验!""共产党员的意志是钢铁!"杨虞裳被敌人拷打折磨,失明月余,但他对敌人说:"我现在是在你们的老虎凳上保卫我们的党。"还有一位名叫谭沈明的共产党员,面对随时可能的死亡,他说,要"脸不改色,心不跳!"

300多名英烈没有求饶,国歌和口号一直不停地在枪林弹雨中响着。牢狱,锻炼得每个同志——党员和非党员,都成为坚强的战士。

小皮影，大艺术
——梁平皮影戏的文化价值

吴本新

（重庆市江北文化馆，重庆市江北区，400020）

在电影电视尚未普及之前，皮影戏是各地群众喜闻乐见的娱乐表演形式。梁平皮影戏曾经盛行于广大城乡，俗说"小皮影，大艺术"。"皮影戏"又叫"皮灯影""灯影戏"，它融合造型和表演两大艺术于一体，是极具魅力的传统戏曲艺术，在表演过程中由艺人操纵皮革雕刻的道具，通过灯光投影在屏幕上形成动画效果，配以音乐伴奏和旁白讲述，将历史故事一一展现于屏幕之上。

一、梁平皮影戏的传承与传播

1.传承

二十世纪八十年代，为挖掘地方民间艺术，笔者一行深入调查，走访了梁平皮影老艺人来焕章先生，只见他随手可以画出不同造型的皮影。当我们提出请他画一批皮影作品时，他讲农村家务太多，心静不下来，要画，到城里坐下来慢慢画。由于当时主管单位条件太差，加上老人生活又不能自理，没办法满足老人的要求，不久老人带着皮影艺术绝技辞世了。这真是人们常讲的"人在艺在，人去艺亡"，现在想来也是一件十分遗憾的事。但我们在与他多次接触中，得知不少关于梁平皮影戏发展的历史状况。

梁平皮影戏，旧称梁山皮影戏。其制作及表演形式属于四川皮影戏体系，但由于受当地木版年画、灯戏的表现手法的影响，地方文化特色更加浓郁。

查阅历史资料，四川皮影戏在清代达到极盛，派系分为东、西两路。东路皮影分布于川东、川北一带，影人制作材料以牛皮、羊皮为主，大多数采用直线造型，刻工精细，高约30厘米，人称"渭南影子"，系因陕西渭南传来之故；西路皮影分布于川西、成都地区，影人制作受北京皮影影响较多，高约60厘米。

总的来说，四川皮影影人造型夸张，形态滑稽可笑，脸谱造型浑厚大气，比陕西和北京皮影更具地方特色，夸张幅度更大，更注重刻画人物性格，尤其着力人物眼睛的设计，全脸是阴刻；眼球和眼部装饰用阳刻，目光炯炯传神。四川皮影所演剧目除历史、神话、传说外，多为谐剧；而梁平皮影造型常借用梁平年画画样，皮影脸谱服饰及音乐伴奏多仿川剧，其唱词是纯正的梁平方言。

梁平皮影戏有两百多年的历史，梁平仁贤黄氏皮灯影、木脑壳戏班从兴立到1949年已有12代人的相互传承。据调查，清末民初，梁平境内皮影戏班星罗棋布，尤其是仁贤、礼让、屏锦、虎城、城东、大观等地，川剧坐唱、皮影戏、木偶戏并行不悖。不少皮影艺人都受到川剧、梁山灯戏的影响。

旧时的梁平"明达科班"（川剧培训班）曾经为川东一带培养出了大量的川剧人才，当时的梁平籍的川剧作家冉樵子人生仕途不顺,回乡隐居,一面教书,一面编写川剧剧本,其代表作《刀笔误》唱遍巴蜀大地,至今仍是我国川剧经典剧目的保留之作。随着冉樵子名声大振,推动了"明达科班"表演水平的提高,一年的艰苦训练,学员水平不断提高,1934年5月,应梁平礼让"天佛庙会"邀请,包场首演,一炮打响,饮誉川东北。梁平川剧的发展促进了姊妹艺术皮影戏的发展,不少川剧艺人同时出演皮影戏。

梁平皮影戏的传承方式是,父传子、兄传弟,在家族中一代代相传,繁衍流布。演出方式为走村串户,用于红白喜事,在当时极其匮乏的文化生活条件下,民间土壤催生了大量皮影戏演出班子,常常在农家三合院坝演出,将搭谷子的拌桶翻过来凑成小舞台,白布一挂成幕布,白布后面高挂桐油灯一盏,就此开演,简陋的表演为百姓所爱。

2.传播

梁平皮影戏班以家庭成员为主,一般由5人组成,分别称为"前声""签手""后槽""上档""下档",这5人一专多能,每人既能演唱,又能伴奏及操纵。"前声"主唱生、旦、净、末、丑各种角色,"签手"以操纵影人的动作为主,"后槽"指打鼓的人,"上档"指拉二胡、吹唢呐的人,"下档"指拉板胡,兼撤换影人等。演出时,5个人同时进入角色,配合默契,融为一体。

据历史资料记载,清道光三十年(公元1850年),湖北文人兰恬题笺的《汉皋竹枝词》中,以梁山调为题云:芦棚试演梁山调,纱幔轻遮木偶场,听罢道情看戏法,百钱容易剩空囊。"竹枝词"源于巴渝地区,最先就以"巴渝辞"记录巴渝地区的风俗人情。后又流传于各地被广泛运用,上述"竹枝词"是对梁山灯戏、皮影、木偶及杂耍在湖北演出盛况的描述。据梁平县志相关资料记载,清道光至咸丰年间,梁山灯戏、皮影、木偶戏班多次出夔门到宜昌、汉口"开园子",长年漂泊在外,表演灯戏、皮影及木偶戏,深受当地市民的欢迎。

3.剧目

梁平皮影戏的剧目以神话、传说为主,例如《诛仙阵》《万仙阵》等,同时,又将川剧及地方梁山调(灯戏)剧目,《滚灯》《驼子回门》《送京妹》《请长年》《闹天空》《猪八戒背媳妇》等移植于皮影戏中,使皮影戏内容更加丰富,更加滑稽可笑。

特别值得一提的是,活跃在梁平虎城猫儿寨的吴氏皮影班,他们常年演出,曲牌较多且富有变化,唱腔优美动听,同时,也结合现实生活编演一些现代戏,"文革"中还演八个现代样板戏。直至二十世纪八十年代后,由于多种文化娱乐形式的冲击,皮影戏班才完全解体。而今,数百件上百年皮影戏影件,造型别致,雕刻精美,细腻耐看,具有较高的艺术价值,收藏于梁平文物管理所,被评为国家二级文物,成为研究梁平皮影戏的活化石。

二、梁平皮影戏的造型与特征

1.造型

梁平皮影人物造型吸收了梁平木版年画的一些特点,如"帅将无项,美女无肩""文人一根钉,武人一张弓"等造型特征,无不表现出梁平皮影戏中蕴含着年画、灯戏等元素,深深地打上了地方文化的烙印。皮影受表演形式限制,每个影件的构成,必须精心做成正侧面,方能投影到素幕上。制作影件所用的材料,则要求轻薄透明。在漫长的历史进程中,梁平皮影造型大多具有汉魏石刻的古韵,简约纯朴,主要还是继承了汉代石刻画像的表现手法,线条简练,造型优美,色彩鲜明,对比强烈,装饰图案大与小的对比,疏与密的对比,形成强烈的视觉冲击。人物造型美与丑的对比富有浓厚的装饰性、趣味性;头、颈、身、结构灵活,手足细腻,能表演出许多高难度动作,武打情节、上天入地等均灵动自如。至于梁平皮影的脸谱、服饰、道具等,追本溯源,还是沿袭川剧。尽管一些造型有梁平年画的特征,总的来说还是以川剧为主。

2.工艺

在工艺特征上,影件制作追求诙谐的审美情趣,以镂空为主,辅以染色(红、黄、蓝),虚实相应,疏密相见,根据剧情表现文、武、老、幼、忠、奸、美、丑等各种人物形象。为了突出一些剧情的重要人物特征,如纱帽翅,用五分侧面戴在头上是表现不出来的,就要采用移位的办法。移位,就是变换视点,把纱帽翅移成平视。在舞台上演传统戏,歪戴纱帽具有特殊的谐剧效果,常常令观众忍俊不禁,甚至捧腹大笑,当然不会有人说这影人的头盔刻错了,而是一目了然地知道了这个人物的身份地位,这就是观众在审美意识上对民间艺人的认同。

3.声腔

梁平皮影戏在音乐唱腔等方面,既吸取川剧声腔,也采纳了地方灯戏梁山调声腔,如胖筒筒类的灯弦腔、徒歌类的神歌腔、俚曲类的小调。灯弦腔和神歌腔,属戏曲版的腔体,小调则是曲版体,特色鲜明,风格突出。口语化的台词和嬉闹性的情节又赋予了它幽默通俗、生动活泼的表现形式。有所谓"庭前庭后灯弦调,满座捧腹妙趣生"的评语。

4.伴奏

伴奏音乐,主要是梁山锣鼓(又称癞子锣鼓)。梁山锣鼓以二鼓、马锣、钹、大锣、钩锣、钗子等六种乐器组成。乐师须做到"心合口,口合手,心口手三合一",结合剧情的发展打出"间韵起翘,轻重缓急,干净洁白"十二字节奏韵律。

三、梁平皮影戏的影件与制作

1.雕刻

皮影制作,常以阴刻或阳刻手法来表现,这些线条归纳起来有五种。实线:保留形体线,镂除多余部分,称为阳刻。虚线:镂除形体线,即所谓阴刻。虚实线:沿着形体的两侧镂除虚线。暗线:将形体线用刀轻轻划成,不透不镂。绘线:不用刀刻,以笔将色彩画于影件上。皮影雕刻刀法,根据其物象形体塑造需要而定,有齐口、尖口、圆口、断口等。齐口:多用于方正的物象上,如桌椅等。尖口:用于衣襟、面纹或延伸感物象结构。断口:是因用虚线过长,中间采取的加固办法,如人物髯口上,兽类的鬃毛上,以及一些图案中。

各种刀法,雕刻艺人灵活多变,变替应用。握刀笔直,中锋行刀,刀口利落,刀线流畅。刀口运用是变化无穷的,主要是以刻画物体形象而定。

2.敷彩

梁平皮影件不如其他地方皮影件色彩鲜艳,一般以暗红色为主调,色彩之间不调配,不分深浅,多采用平涂手法。皮影雕好后,经平整,磨平打光即可上色,上色多用光照效果好的透明色(染料)。敷色多用纯色,主要有红、黄、蓝、绿、黑色。皮影件通过光的照射,形体清晰,剪影效果十分强烈,细微的色彩变化极富装饰效果。敷彩后应将皮影熨烫平展,使之定型。

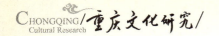

3.装订

装订是皮影制作的最后一道工序。把雕好的各个部件用铁丝或绳索加以连接、固定,头部和影身的连接是活动的,根据需要取下来相互调换。各部件连贯处的固定点要选好,上下左右要适当,肩部两臂的连接点不能太前或太后,否则影人身体就会失去平衡,出现前倾后仰等现象。两腿和腰部连接点不适合就会出现两腿长短不齐。特别值得一提的是梁平皮影人物胡须非常有情趣,其他地区皮影件胡须一般刻出一块剪影效果,梁平皮影件采用猪鬃做成的八字胡,大胡须真是惟妙惟肖,使人过目不忘。待全身部件连接好后,最后再加操纵杆。方法是在影人领部加一根10厘米长的铁丝,再将铁丝插入细竹操纵杆上,同时,在两手腕处各加一根活动铁丝插入另一操纵杆,一根用于头与身体关节,两根用于手脚的关节。通过上述装订,制作基本完成,然后分类装箱,只等上场演出。

艺人们制作完成的影件,可以说就是非常地道的工艺饰品,再把这些影件当成戏曲中的演员及场景,通过灯光、唱腔、音乐伴奏的组合,使之变成精美绝伦的传统民间表演艺术。

四、结语

梁平皮影戏历经近200年的流传与兴衰,蕴含着丰富的地方文化内涵,与其他地区皮影戏一样,它具备了民间文化的特征,体现出传统文化的精髓,保留了民间文化最重要的物化形式。

虽然梁平皮影戏现已衰落,但其有不可忽视的文化价值。它保留了大量的社会物化元素、宗教信仰线索、民俗民风符号,以及戏剧、音乐、舞蹈、美术等地方文化传承密码,目前仍还有许多未知课题等待我们继续深入研究和整理。

歌声振林樾 美誉"巴山猴"
——记木洞山歌国家级代表性传承人潘中明

王海涛

（重庆市文化艺术研究院，重庆市渝中区，400013）

说起潘中明，不得不说木洞山歌，也不得不说孕育了"山歌之乡"的那块土地。在那块土地上成就了把山歌当成生命的潘中明，与此同时，潘中明也成就了木洞山歌。

孕育了"山歌之乡"的那块土地

重庆市巴南区木洞镇，离重庆市朝天门30多公里，位于古代巴国境内三峡（铜锣峡、明月峡、黄草峡）腹地明月峡出口处的长江南岸。它是渝东近郊的一个古镇。据传，明代在此修建禹王庙，所需木料均从西侧约500米处的石洞中取出，故名"木洞"。以后，在此地形成集市，仍沿用此名。明末设木洞驿，并设木洞里。后中华人民共和国成立，木洞镇为区署所在地，长期辖木洞镇和木洞、栋青、水口（仰山）、长坪、马家、双河口、丰盛、麻柳、清溪、天池、鹿角。1993年，栋青乡和仰山乡合并为青山镇。2001年，木洞镇和青山镇合并为木洞镇。潘中明从小便生活在栋青，身上裹满了木洞山歌的泥土。

木洞山歌系重庆市巴南区木洞镇民众传唱的山歌歌种，它的根可以追溯到上古时代的"巴渝歌舞"，中经战国时代的"下里巴人"、汉代的"巴子讴歌"、唐代的"竹枝"，直至明清演化形成木洞山歌。

木洞山歌的主体是被称为薅秧歌的禾籁。禾籁只在木洞及其周边地区流传，属中国民歌的稀有品种。禾籁地域特色浓郁，曲调曲目丰富。主要有高腔禾籁、矮腔禾籁、平腔禾籁、花禾籁和连八句等多种样式。这些样式中又包括若干子样式，如高腔禾籁还包括咿呀禾籁、也禾籁、锣鼓腔、咿咿腔、呀呀腔、四平腔、噢嗬腔、呜哦腔、悠呵腔等。

木洞山歌的重要歌种还有啰儿调。其曲词体式和曲调特征与唐代以来巴渝民间流传的竹枝歌颇为相似，是竹枝歌在木洞地区的"嫡传"。

木洞山歌还有劳动号子、风俗歌、表演歌等多种艺术样式。有数以千计的曲目，民间歌手颇多。1991年重庆市命名的第一批40名民间歌手，木洞就占37名，其中能唱500首以上的4名一级歌手全在木洞。木洞还编写了30余万字的《木洞山歌》专著，2005年公开出版。

1990年，木洞地区被重庆市命名为"山歌之乡"，1999年，木洞山歌又被命名为"巴渝优秀民间艺术"。

由于生产、生活方式的变革，大部分山歌失去了滋养、繁荣的基础，老一代歌手衰老和谢世，传承链出现断裂，致使木洞山歌面临濒危境地。

抢救、保护木洞山歌，把薅秧禾籁推入中国民歌歌坛，也把那个大半辈子都在和山歌打交道的潘中明呈现在我们的眼前。

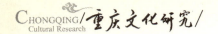

苦难的童年

童年对于潘中明来说是抹不掉的记忆,苦难二字对于当时的潘中明来说并没有特殊的意义。出生于1937年的潘中明应该是和大多数人一样,都在苦难中挣扎。唯有让他愉悦的也许就是那传了千百年的歌声吧。我们似乎还可以听得到"朝天门开船两条江,大佛寺落眼打一方。茅溪桥落眼过一个杨八滩,黑石子落眼下寸滩。张幺河下面有个朱老滩,到了唐家沱来要点关。大兴场落眼有个黄蜡滩,猪鸭子来下礁巴滩。野骡子来下石板滩,鱼嘴下面有个狮母滩。叶轿子来下剑滩,太洪岗落眼有一个上前滩,洛碛落眼有一个红石滩,横板石来下娃娃滩,鲁家溪来下田家滩,长寿的麸醋溜溜酸,木鱼碛下面有一个雷福滩,花园石来下磨盘滩,涪陵有一个荔枝园。青滩泄滩不算滩,崆岭才算鬼门关"。潘中明有机会到长江边上就会望着行船,一遍又一遍地倾听船夫们吼唱的《数滩》(歌词为作者提供)。

饥饿才不得不使他重新回到生活,他整天想的就是如何吃饱饭。在过去,每逢薅秧季节,田多的人户,就要请薅秧班薅秧,少则七八人,多则十多二十人。每班都有"禾籁头"领唱赛歌,并形成了一套与薅秧劳动相适应的对歌程序。薅秧劳动一般为"七做五歇",即全天七次下田劳动,中间休息五次。早饭前下田,太阳尚未出山,不赛歌。早饭后,上、下午各下田三次,中间休息两次。赛歌从上午第一次下田开始,先赛矮腔禾籁,有禾籁头领,同薅秧班的人帮腔,比曲调多寡和曲调好不好听;第二次下田,赛高腔禾籁间唱花禾籁,比领唱者的嗓音、乐感和行腔亮字;第三次下田,继续赛高腔禾籁和花禾籁。下午第一次下田,主要赛历史歌和赞花歌,不限曲调,比歌手的山歌的多寡;第二次下田,赛盘歌,是赛歌的高潮;第三次下田,继续赛盘歌,若已分胜负,则唱神歌和啰儿调,若不分胜负,则相约下次薅秧再赛。这样的游戏规则一代又一代地传了下来,"边唱山歌边下田,不费功夫不花钱。歌儿为你醒瞌睡,干起活路(工作)才新鲜"。这样独特的艺术形式和劳动方式,不但使木洞山歌流传了下来,也为在饥饿中挣扎的潘中明找到了填饱肚子机会。

当时只有七八岁的潘中明,夹杂在人群中,产生了跟父亲学唱山歌的念头。也许是父亲的遗传,潘中明从小就对唱山歌有着出奇的天赋,很容易就学会了各种各样的调调。当放牛娃,上坡拣柴、打猪草、割草时,唱割草娃儿歌、放牛歌、摸鱼歌等。在父亲和大人的鼓舞下,他终于站到了人群面前开始了他的表演,得到的是大家的夸赞。但是夸赞终究不能填饱肚子,随着年龄的增长,潘中明终于加入了抢棒棒的行列。当时,田地较多的人家请人薅秧,会拿一些薅秧时拄在手中的棒棒(实际上也是薅秧人的工具)让人抢,只有抢到棒棒的人才有机会让主人选中。当然,大家都是为了每天一升米的报酬。潘中明自然抢不到,因为他还是个孩子,于是主人看他可怜,就问他会不会唱禾籁,他说会唱几句。主人就让他唱几句听听,主人听了感觉还可以,就给了他一根棒棒。第一次他用自己的歌声换回了白米,从此他和山歌有着一种不可剥离的关系。

苦难的童年潘中明在饥饿中、在歌声中成长,因为他的歌声为那个苦难的家庭带来了些许生机,他也在苦难中慢慢长大。

名噪木洞"巴山猴"

随着年龄的增长,潘中明逐渐成年,男性的青春发育使他感到了自己独特的变化。他发现自己声带和男性有明显的区别,他没有喉包,也就是喉头,因此声音高亢嘹亮,也逐渐形成了自己的演唱风格和声音特质:多唱边音,高亢洪亮,声音应山,回荡萦绕,耐人寻味,特别擅唱高腔禾籁,音调高扬,拖腔悠长,节奏舒展自由,具有独特的韵味。

多年的积累再加上潘中明记忆力超强,很快他就能唱数百首薅秧禾籁、劳动号子和啰儿调等山歌。在木洞的田坝、山间、院坝、有红白喜事的地方都会听到他的歌声,于是他被称为"潘山歌""木洞山歌王"。听到他在唱歌,也有人说:"听巴山猴又在吼了。"没有人知道到底是谁先喊出了"巴山猴"这个名字。也许是某一位有学问的人听说过唐代诗人白居易写的《竹枝词》"江畔谁人唱竹枝? 前声断咽后声迟。""唱到竹枝声咽处,寒猿晴鸟一时啼。"也许是他的声音真的像巴山猴的叫声那样具有穿透力,也许是他在表演时的诙谐幽默,"巴山猴"慢慢成了潘中明的外号,也成了他的代名词,在木洞不一定都认识潘中明,但是没有人不知道"巴山猴"。潘中明也就成了名噪木洞的"巴山猴",这是对他演唱风格的最佳诠释,也是对他最高的赞誉。

支离破碎的家庭

潘中明和其他人一样,并没有把自己当作一个歌者,他知道自己的身份是一个农民。是农民就应该做农民的事,是农民就得成家立业,就得种地下田为生计忙活。

到了该结婚的年龄了,在父母的操持下,他和一位普通的女人结婚了,先后有了两女一男。家徒四壁的潘中明为了生计干过石匠、当过"禾簸头"、耕过旱地、下过水田,可始终都在为温饱奔波,在痛苦中挣扎。一家五口人挤在父母留下的老房子里勉强度日。他的老房子在风雨中摇摇欲坠,也像潘中明的一生,都是在风雨中飘忽不定。房子的门只是一个可以过人的洞口,四面土夯的墙壁历经多年风吹雨打早已坍塌,他只能用木棍支起来,屋顶漏了用借来的几十块钱买来毛毡搭上,每到下雨的时候他能做的只有整夜守在门口,随时观察岌岌可危的土房子,准备随时喊醒家人;他也随时都在祈求老天"雨快点停吧"。生活的艰辛并没有压垮那个身材并不高大反而有点弱小的身躯,他偶尔还是会唱山歌,他是个靠土地吃饭的农民,是个靠力气养活家人的男人,他没有多少文化,只能勉强写下自己的名字。但是他有他的精神世界,虽然他不知道那叫精神追求和艺术追求,只是感觉在歌唱时身心得到一时的愉悦。

生活总是跟苦难的人开玩笑,先是他的大女儿被人拐卖了,很多年不知去向。后来他知道了是邻居把他的女儿以三千块钱的价格卖到了河南,好在多年以后当初拐卖女儿的人觉得良心上过不去,告知了他女儿的下落,如今虽然女儿也结婚生子远在他乡,但总算是联系上了,这也给晚年的潘中明带来些许的安慰。大女儿被拐卖几年后,妻子因为跟他的一次吵架和误会后带着小女儿远走他乡。潘中明四处打听,终于打听到了妻子的下落,经过多次交涉终于把自己的小女儿带了回来,但是妻子再也没有回来。他一个人又当爹又当妈拉扯抚养两个孩子长大成人,由于妻子的出走,他既要挣钱种地,又要照顾家庭,忙了这头肯定顾不上那头。两个孩子是慢慢长大了,但是孩子的教育问题他完全没有精力顾及,特别让他痛心的是他的儿子。由于他对儿子疏于教育,最终他的儿子走进了监狱。一个贫穷但还算幸福的家庭就这样支离破碎了。但是潘中明并没有倒下,他还是乐观地对待着自己,对待着街坊四邻,他们还是可以听到"巴山猴"那响彻山谷的高腔。

排得上号的贫困户

潘中明老了,大女儿和自己经常联系,小女儿出嫁了,儿子回到了家里,结婚生子开始了新的生活。按说他人生最灰暗的时刻应该过去了,可老天又跟他开了一次玩笑。2011年,潘家的院子里传来了婴儿的啼哭声,这一天他有了孙女,这也是潘中明最大的慰藉。小孙女聪明可爱,可是脸上却有一块黑色的胎记,随着小孙女一天天长大,他们发现小孩子的脸开始慢慢地变形。于是他们就到医院检查,从医生那里得到的是一个让人心碎的答案——"黑色素纤维瘤",也就是俗称的"皮肤癌"。这一晴天霹雳让这个刚刚充满欢笑的家庭重新"回到了冰窖",天文数字的治疗费和没有结果的治疗让他们崩溃。在一次给孙女看病的路上,一位好心的记者发现了这个孩子,了解情况后就决定帮助他们。通过宣传,社会各界开始关注这个可怜的孩子,这位苦难的老人,这个在风雨中摇曳的家庭。

本来就是贫困户的潘中明,此时彻底在巴南区排上了号,用他的话讲他是巴南区贫困户的第三名。政府和社会的关注,让潘中明又看到了希望。人们总是不想看着一个鲜活的人就那样消失。潘中明的一生都在为人们歌唱,都在为人们带来欢笑和愉悦,他也应该得到别人为他带来的温暖。在慈善机构和政府的帮

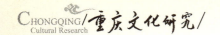

助下,他终于离开了那个又冷又阴暗潮湿的土房子,住进了新房。孙女也慢慢长大,虽然还是有病痛。后来,他又有了一个可爱的小孙女。生活总会继续,就像木洞山歌唱的那样"(哎呀)不怕你石头生的硬(啰吔嗖呀呀嗬嗬嗬吔)大锤来啦(啰)要松行(啰嗨哟哦嗬札哎吔)(哎呀)锣靠鼓来(啰)鼓靠锣(哟吔嘿嘿嘿呃嘿呃)千斤担子(啰)靠打杵(哦嗨吔吔嘿吔咬吔)。"

在苦难中传承木洞山歌

潘中明是一个老实忠厚的农民,但也是一位德艺双馨的艺术大家,他的胸怀是农民的胸怀,看似只装得下柴米油盐,其实他装得下天。木洞山歌是他从祖辈、父辈的口中学到的,他并不想到此为止,他把木洞山歌当成了他的儿女,传下去是他的责任,他其实也知道,那块植根木洞山歌的土地在逐渐贫瘠、消失。但他一直在想尽一切办法让木洞山歌的生命延续。

让木洞山歌传承下去的想法到后来越来越强烈,潘中明于是收徒弟,是正儿八经地收徒弟。他没有太多选择徒弟的机会,因为很少有人愿意学唱木洞山歌。他就去动员,给别人做思想工作,自己掏腰包给徒弟们买点小礼物,请徒弟们吃饭,为的就是传承木洞山歌。他用山歌教化人,他用山歌鼓舞人,如今他有了七八个徒弟,在他的引领下那些和他一样的山里农民开始学唱山歌。他还走进校园给孩子们讲,什么是木洞山歌,怎么唱木洞山歌。让孩子们知道,木洞山歌是木洞人的骄傲,是我们传统文化的瑰宝。每个星期在木洞镇克明希望小学的教室里都会看到他的身影,都会听到他那已经不再高亢的声音,也会听到孩子们稚嫩的歌声从教室里飘出。我们希望这样的声音一直飘出窗外。

国家级非物质文化遗产代表性传承人

潘中明的艺术生命是饱满的,艺术之花是绽放的,精神追求是丰富的。不能用"戏剧性"来形容潘中明,但是他的一生也是一个充满戏剧性和跌宕起伏情节的剧本。他曾经说过:"只要允许我唱,木洞山歌我会一直唱,唱到不能动为止。"

20世纪90年代初重庆市文化局授予他"民间歌手"称号。他曾接受中央电视台的专访,还为《川东游击队》《聂荣臻》等电影、电视剧配唱背景音乐,在重庆洪崖洞剧场上演一年多的《巴渝情缘》采用他的山歌的背景音乐竟达5处之多。

2006年在北京演出的《移民金大花》,获创作、演出一等奖,其背景音乐是潘中明演唱的山歌。2006年以来,《凉风绕绕天要晴》等高腔禾籁,参加重庆市解放碑、洪崖洞、湖广会馆、海洋公园、朝天门广场、市规划馆、人民广场等演出50余场,多次获得演出二等奖、三等奖。

2008年文化部命名的首批国家级非物质文化遗产代表性传承人名单中,潘中明作为木洞山歌的代表性传承人名列其中。潘中明有几样宝贝他会不时拿出来,晒晒太阳,通通风,有时候是自己欣赏,有时候是家里来了人的时候拿出来让大家欣赏。国家级非物质文化遗产代表性传承人的绶带、奖牌、证书,还有各种获奖的红本本。每当这时候在他的眼里才流露出真正的幸福和满足。潘中明对得起让他充满幸福的红本本,也对得起唱响中国乐坛的木洞山歌;他对得起将木洞山歌传给他的祖辈们,也对得起在教室里牙牙学唱的孩子。

"山歌不唱那不开怀哟,那磨儿不推哟轮不转哟喂,那酒不劝人哟人不醉哟喂,那花不逢春哟不先开哟喂呃。"潘中明已经八十岁了,我们该叫他潘老了。在传承非物质文化遗产的道路上我们有理由记住潘老,记住木洞山歌的"巴山猴",他为我们传统文化的传承在默默地奉献着。歌声振林樾,美誉"巴山猴",向潘老致敬,祝他长寿。

愿作他人铺路石

曾禾

(中共重庆市委党史研究室,重庆市渝中区,400015)

童年的断想

曾健戎1924年6月出生于四川省三台县所属葫芦溪(后名芦溪镇)近郊约两华里的熊家湾。熊家湾三面环山,北临涪江,走出院门,便可看到绿油油的涪江之水,迎面而来又折东而去。它沿着涪城坝自北向南向东,没完没了地流淌着,也孕育了曾健戎童年的梦想。

1980年,摄于图书馆历史资料部咨询工作办公室

曾健戎,民进会员,四川师范学院(现为四川师范大学)中文系毕业。重庆市人民政府文史研究馆馆员,中国图书馆学会会员,重庆图书馆副研究员,曾任中国抗战文艺研究会理事,中国郭沫若研究学会理事。

据说曾家是由湖广填四川来的,其父亲学徒出生,文化不多,生活简朴,为人忠厚,待人热情,对子女十分严格。父母常常爱说:"会写会算,少受人骗。"只要孩子能多识些字,会打算盘今后必然少吃亏。曾健戎和他的弟兄们,进入私塾读书。由于在私塾读书时间长一些,他进小学便转入四年级,小学毕业后,考入三台县立初中。

刚进入初中二年级,纠缠他一生的疾病,开始出现了。主要表现在左膝关节日益肿大,弯曲日益受限,令人朝夕不安,夜不能寐,以致原来浓厚的学习兴趣日益减退。他的父亲要他回家治病,并说:"原以为你读完初中后,可以回来从事磨面、挂粉的工作,现在脚已出了问题,再读下去也没有多大意思了,不必再去复学。"于是,他的初中生涯就此结束了。由于母亲早已去世,弟弟妹妹都还小,他又是家中的长子,只好外出找工作,减轻家里的负担。

离开家乡那天,天未下雨,只是无太阳,也许因为心情关系,他总感到天色十分阴沉,内心有种说不出的难受滋味。

人生又一次大转变

一个农村的孩子,从弯弯曲曲的地边小路走出家乡,走向社会,走进城市,不难设想是经历了漫长、曲折、艰辛、复杂的道路。

他把第一次离开父母,跨入社会,踏上独立生活的道路,作为人生征途中的第一次大转变。从旧社会跨入新社会,从旧时代转变为新时代,这个转变当然不同于第一次,故作为人生中的第二次大转变。

中华人民共和国成立前,他曾先后在机械学校、川西盐务管理局、四川大学中文系工作学习。1950年4月,为学习新知识,经川大罗髫渔教授介绍,进入"四川革大"学习。同年11月应西南文教部,社文处之约,进入西南人民图书馆(后名重庆图书馆)工作。西南人民图书馆,是在抗日战争结束后,国民政府为了纪念对中国的抗日战争给予过援助的美国总统罗斯福,在原中央图书馆的基础上修建的,此馆筹备工作刚刚就绪,尚未正式开馆,西南就已解放,于是被新政府接管,更名为西南人民图书馆,直属西南局所属的西南文教部领导。

当时图书馆的首要任务是宣传马列主义、党的方针政策,传播新思想、新文化。他先后在阅览组、参考组从事新书、好书推荐工作。并为西南文教部业余政治学校授予辅导员之责。为继续深造学习,1956年他考取四川师范学院汉语言文学系,圆了多年梦寐以求的升学梦。

读者的需求是工作的动力

四年大学学程结束后,他再次回到图书馆工作,更加觉得这人类的知识宝库,有许许多多为当代服务的东西,可惜没有人去发掘,去整理,有意识地提供给需要者。

于是他计划每年编出一本书供他人参考,便想利用业余时间从事此项工作。但万万没有想到,工作还未开始便有许多非议传入耳中,说什么图书馆工作者,是为他人服务的,如若个人想写点什么,做点什么就不允许了,而且会被说成是"不务正业"。"文革"开始后,正常工作都停了下来,自然更不可能干一点有益于社会的事了。

转眼间一混就是十年,他深感浪费太大,加之"文革"结束后,自身的工作性质有了变化,每天面对的读者,不是来自科研单位的研究人员,便是来自大专院校的教师,他们根据研究课题的需要,要求图书馆工作者提供有关的资料。有的人目的明确,能提供所需资料的出处,有的人提供不出资料的出处,希望协助给予解决。

作为图书馆工作者,理所当然应给予大力帮助。然而知识的积累,绝非一朝一夕的事,何况人的精力有限,时间有限哪能满足来自各方面的要求,必须借助前人积累的知识,借助各种工具书籍,才能适当满足要求。为此目的他着手编撰第一本中国现代作家笔名索引。

1978年,全国科学大会召开了,科学研究工作者,迎来了生机勃勃的春天,无论是自然科学,还是社会科学方面的研究工作都活跃了起来。他负责的咨询工作,一天比一天忙了起来。其中来自国内各社会科学研究院的人士,他们不受寒暑假的限制,而来自各高等院校的研究人员,却只能利用寒暑假,外出查找所需资料。而且近者数小时便可获得材料,远者必须经过数日或乘车,或乘船才能见到资料。他们那种不辞辛劳,一丝不苟的治学精神,深深牵动着曾健戎的心。

曾健戎认为作为图书馆工作者,是以图书资料服务于读者,研究工作者为了完成某项课题,不惜花费许多时间,查找资料,然后再进行研究,才能出成果。如果有意识利用身边的图书资料,根据各方面的研究动向,集中有关资料,使之成为较完整的系统,供研究者参考,岂不节省了他们收集资料的时间,加速研究工作,缩短出成果的时间吗! 他认为这样做,不仅对研究者有利,对国家也必然有利。

另一方面,在"文革"之后,特别是在粉碎了"四人帮"之后,人们的思想得到了解放。他在工作中亲身感受认识到应为研究工作者尽一点力。虽然有人觉得收编资料的工作,是一件费力不讨好的事,但是他认为名和利均非他的追求,只要能解决研究工作者的一点需要,只要有益于社会,他乐意作一粒铺路的石子。

在日常工作中如果来信函者要求提供资料,他亦坚持有求必应,有问必答,给予满足。为中央党校的当时研究者:袁文殊、蔡仪、陈荒煤、曾克、于毅夫、钦鸿等,均给予力所能及的帮助。福州市文联的陈松溪为了协助其妻黄安榕(其父原名黄日华,笔名"蒲风")编写《蒲风传》,曾多次来信要求提供有关资料,历时20余年。

在此期间,他对入藏图书资料有更多了解,对文学史学研究工作者、大专院校教学工作者有广泛接触,得知他们寻求资料之艰难,深感拥有较多文献资料的图书馆,应该成为他们的后盾。从事咨询工作者,应是他们的助手,这样才有利于发挥馆藏图书资料的作用,更有利于繁荣学术。

怀着这样的动机与目的,他选择了四川籍的才子,中国科学院院长——郭沫若为研究对象,认定他是中国现代文坛上,继鲁迅之后的又一面旗帜。再也不去考虑人们会有怎样的议论,便利用工作之余的时间,从众多的书报、刊中搜集郭沫若在抗日战争期间,从事文艺与救亡活动的资料,并加以整理,编撰成《郭沫若在重庆》一书,供研究工作者参考之用。由阳翰笙代为写序的《郭沫若在重庆》一书,于1982年正式出版,实现了自己的愿望,并且得到了各方面的好评。

虽然经历了不少曲折,但他仍想追回一些浪费了的时光,决心继续再做一些有益于读者的事。一方面经验教训自己有了一些,另一方面在工作中他早已感受到,还有许多事需要人去做,思想上也已有所准备。

在筛选选题的过程中,只要是客观上的确需要的,能填补空缺的,哪怕是为他人不屑一顾的事,他也乐意去做。《中国现代文坛笔名录》一书,就是据此原则确定的,目的就是为解决:中国现代文学研究工作者、史学研究工作者、大专院校教学工作者,以及图书馆编目与咨询工作者,辨识笔名难的问题。

虽说早已确定内容,但从着手收集资料,其中包括访问作者本人及其亲友,然后经过筛选剔除重复,整理编排而后完成初稿,再送由四川省社科院文学所创办的《抗战文艺研究》发表,广为征求意见,直到出版问世,前后经历十年之久。其间除得到国内学术界许多朋友的关注、支持而外,他的夫人刘耀华,在此书的编排方面付出了极大的辛劳,这本书的正式出版是他们两人辛勤劳动耕耘的结果。

曾健戎部分著作

《中国现代文坛笔名录》于1986年由重庆出版社出版,成为中华人民共和国成立以来第一本检索笔名的工具书,填补了20世纪30年代至80年代中国尚无同类工具书的空白。该书出版面世后,受到大专院校教学、科研工作者的好评,他们认为这"是现当代文学研究事业的一大功德","研究现代文史乃至政治思想史的重要工具书,具有很高的价值"。"《笔名录》(《中国现代文坛笔名录》)的出版,你们做了一件大好事,从事现代文学、史学工作者,都会感谢你们。"该书在第二届四川省重庆市哲学社会科学优秀科研成果评选活动中,被评为优秀科研成果奖。

图1　曾健戎相关著作

与书法艺术的断想

　　大约是在全面抗战开始后的第一年,曾健戎进入四川省三台县芦溪镇涪江小学四年级读书,学校大门外已竖立一道高高的砖墙,墙壁上书有"司胞速起"四个颜体大字,每个字约一公尺见方,笔力挺拔,令他十分喜爱。

　　其后又发现同学中,有些年龄稍小于他的男同学也写颜体,且能悬笔书写对联,令他非常羡慕。还有一位教国文的老师,喜爱赵松雪的字体,且常为他人书写对联或条幅,其字笔姿美而秀,也使他感到喜欢,增浓了他习字的兴趣。

　　他的父亲虽然出身学徒,文化不高,但发现他喜欢写字,总是给予鼓励,并零星购置一些纸、墨和他喜欢的字帖。

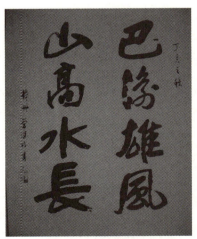

图2　2007年秋为重庆师大董味甘教授之《重庆赋》首尾书

　　他自幼喜爱写字,从小学到中学数年间,乃至其后的数十年,虽然不是每日有机会练字,但在漫长的数十年里,写了不少的字,无论是条福、对联或是匾额等等,数量不少。早期,他临摹历史上的名家书法作品,只能偶尔为之。后来,由于工作关系,他阅览到不同历史时期,不同地区名家的书法作品。他认为,文字本来是记录一个民族语言——声音的一种符号,中国汉民族的文字,从记录声音的一种符号,历经数千年的演变,而今成为一种艺术,且为世人公认的书法艺术。他认为,自古迄今,从艺术的角度审视,无论绘画艺术,还是书法艺术,历来都是百花齐放,风格各异。

2003年,他赴日本参加笔会,当时参与笔会活动者,虽说全是中国人,但是到场参观者,和要求获得中国书法、绘画作品的日本人都不少,那种渴望得到一幅中国字的拥挤情景,既令人感到惊奇,也令人感到鼓舞,因为书法艺术首创于中国,而日本人竟如此喜爱,怎不令人为我们的民族和文化而自豪呢?

2005年7月,他应邀参加在西安举行的"中国第二届'长安雅集'大型文化活动"并展出作品。还参加"抗日战争胜利50周年""庆祝建国50周年暨迎香港、澳门回归""海峡两岸50家诗书画艺展""重庆台湾诗书画艺展""全国文史馆诗书画精品展"等大型展览,以及其他多次书画笔会活动。部分作品被日本、新加坡、美、英等国和中国香港地区友人和陕西"于右任纪念馆"收藏。

捐赠收藏

图3　曾健戎向重庆图书馆捐赠的图书、资料

曾健戎自1950年进入西南人民图书馆工作,直至退休,历时30余年。在此期间,他深感图书馆是人类知识的宝库。在此工作者,只要安心本职,乐意踏实为读者服务,对人民、对国家,对图书馆事业的发展,乃至对个人,都是极其有意义的。尤其是他负责社会科学咨询服务工作之后,感到随着社会的进步、科学技术的发展,读者对图书馆的需求亦在不断增加。在此形势下,拥有丰富文献资料的图书馆,为国家相关建设发展提供快速、精确的咨询服务的任务,亦随之而加重。

为满足各方面读者的需要,适当将收藏的图书资料,根据客观需要,有针对性编一些书目、索引、文摘、专著等书为读者服务,既是客观形势需要,也更有利于发挥图书馆文献资料的更大作用。退休多年,他仍未忘却,为读者尽力所能及之力,亦为之感到几分欣慰。

他将收藏数十年的图书、资料、函件、通知、证书、聘书,以及收藏的书画和个别文物赠予公共图书馆(重庆图书馆),使之为他人继续使用,并得到家人的支持。

公共图书馆表示:将他所赠之书造一份清册,其中可供流通的则流通,属于珍藏部分则存放于专架供读者到馆阅读,当善本对待。其他收藏品分别予以保存。

曾健戎在数十年的工作中,兢兢业业为读者服务,想读者之想,以读者的需求作为工作的动力,利用业余时间编写近二百余万字的资料书和散文。他说:"我的动机与目的,均出于有利于服务读者,揭示馆藏图书资料,别无他图。"他用实际行动,实现了自己的梦想和追求。

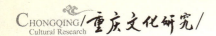

从重庆走向世界的雅舍
——追忆梁实秋先生的雅舍足迹

王小波

　　正值草长莺飞、万木复苏的初春时节,我随家人与亲朋再次来到了位于重庆市北碚区梨园村的梁实秋雅舍参观,追寻让雅舍从重庆走向世界的一代文学大师梁实秋先生的雅舍足迹。

　　梁实秋(1903～1987),原名梁治华,出生于北京,浙江杭县(今余杭)人。笔名子佳、秋郎、程淑等。早年就读于北京清华学校,从美国哈佛归国后,先后在东南大学、青岛大学及北京大学、北平师范大学等学校任教任职,并担任过多家报刊编辑或主编等。

　　现已得到精心修复的雅舍,是梁实秋抗战时期在重庆的旧居,为重庆市文物保护单位,成为重庆北碚乃至重庆市重要的人文景观之一,是北碚区历史文化旅游一重要景点。

一

　　我对于雅舍主人梁实秋的初次了解,最早源于20世纪80年代末读大学专科时开设的"中国现代文学"课。从高等教育出版社出版的《中国现代文学》专著可知,在中国现代文学史中,梁实秋对待当时文学的有关言论、有关观点,引起了文学艺术界同仁的广泛关注、争论,以至于形成学术流派的一场论战。

　　梁实秋先生发表了《卢梭论子女教育》这篇文章,随即年长20多岁的鲁迅先生发表了《卢梭与胃口》一文给予抨击。1929年,年仅26岁的梁实秋在徐志摩主编的《新月》杂志上,发表了《文学是有阶级性的吗?》和《论鲁迅先生的硬译》两篇文章。这两篇文稿一刊发出,其文章所持将描写与表达抽象的永恒不变的人性作为文学艺术的文学观,主张"文学无阶级"以及翻译中的硬译学术问题,便受到了以年长20多岁的鲁迅为代表的左翼作家的不断笔战,引起了一场上升到对文学是否具有"阶级性""无产阶级革命文学"及"文学的功用"等方面问题的论战。实际上这是两种不同的文艺思想,在特定时代里的一次交锋。论战直到1936年鲁迅逝世,先后持续了8年之久。

　　1938年,因抗战转移到重庆的梁实秋,担任重庆《中央日报·平明》副刊编辑。在编撰《平明》副刊时他写道:"现在中国抗战高于一切,所以有人一下笔就忘不了抗战。我的意见稍为不同。与抗战有关的材料,我们最为欢迎,但是与抗战无关的材料,只要真实流畅,也是好的,不必勉强把抗战截搭上去。至于空洞的'抗战八股',那是对谁都没有益处的。"就是这短短的一段文字,确引发了当时文坛的一场大地震。

　　对于来自文坛的"与抗战无关论"的批判,梁实秋先生在《梁实秋告辞》中说:"四个月的《平民》摆在这里,其中的文章十之八九是'我们最为欢迎'的'于抗战有关的材料',十之一二是我认为'也是好的'的'真实流畅'的'与抗战无关的材料'……"

据有关资料显示,梁实秋在抗战期间所写的文章里,提到"抗战"二字的次数很多。在抗战开始时梁实秋因力主抗战,被日本人定为抗日分子。为躲避日本人的迫害,1938年7月梁实秋孤身一人从北平到长沙,最后由香港经过汉口入川到达重庆。次年,经历了重庆大轰炸后,于5月迁到北碚。直到他的夫人程季淑,于1944年携3个孩子由北京出发曲折辗转来到北碚,才与家人结束长达6年之久的别离生活。在重庆期间,梁实秋先生先后任国民参政会参政员,国民政府教育部小学教科书组主任,国立编译馆翻译委员会主任委员等职。

有专家认为梁实秋先生这段话,在特定环境下有"不适宜"的一面,但也符合实际情况并未主张文学与抗战无关,也并未反对与抗战有关的文艺。当时的批评,有"偏见""武断"和"断章取义"的一面。

上海市政协官网上曾经有《梁实秋和"与抗战无关论"》这样的文章。从此文可知,直到1986年,柯灵先生在《文汇报》上发表了《现代散文放谈——借此评议梁实秋与"抗战无关论"》,还了梁实秋一个清白,起到了为梁实秋正名平反的作用。

二

我对梁实秋与雅舍作品有较为系统深刻的了解,追溯起来也应该是20世纪90年代中期,是在四川省教育学院中文系本科学习时候的事。

当年,教授我们"中国现代文学"课程的老师,针对学员在专科阶段已学过"中国现代文学"的情况,选择了"中国现代小说"专题来进行教学。在对中国现代小说发展阶段进行梳理,以及对代表作家及其作品分析教学的过程中,教授也先后提到了与梁实秋有关的两次有关文学性与文学创作内容的论战问题。

在"中国现代小说"专题教学快结束时,教授花了一天多的时间,对我们作了题为"梁实秋和他的散文创作"的专题讲座。教授以自己数年的研究所得,结合当时的文学创作现象,深入浅出、旁征博引地对梁实秋和他的散文创作进行讲授,进一步引起了我对梁实秋先生的兴趣与关注,于是"奋笔疾书"地记下了近万言的听课笔记。

正如教授所认为,评价历史人物应当历史地看问题,既要从道义上看"是非",又要如实地评价"功过"。于是,老师从"梁实秋的生平与思想""梁实秋'人性文学说'的内涵""梁实秋与'抗战无关论'"到"梁实秋的散文创作"等几个方面,为我们还原了一个较为全面真实的梁实秋。

梁实秋先生早在1922年与闻一多先生合作出版了一本《冬夜草儿评论》,1928年发表了《文学与革命》《论散文》等作品。还先后出版了《浪漫的与古典的》《文学的纪律》《偏见集》等多部文艺评论集。与此同时,梁实秋先生以一个人之力,从20世纪30年代开始翻译莎士比亚作品,持续四十载到1970年完成了全集的翻译,计剧本37册,诗3册。梁实秋先生不仅主编《远东英汉大辞典》等,还在晚年用7年时间完成百万言著作《英国文学史》。

在重庆期间,梁实秋先生最引人注目的成绩是他的散文创作。之后,在大陆和台湾的教学管理之余,坚持笔耕不断,先后还创作了20余部散文集,写下和翻译了大量的文稿,给中国文坛留下两千多万字的著作,为民族文化做出了卓越的贡献。其创作的《雅舍小品》散文集,仅英文版就先后出版了300多次,创造了中国现代散文著作出版的最高纪录。

梁实秋先生在文学事业和学术研究上的巨大成就,在中国获得了学界人士的充分肯定,其认为梁实秋先生终究是一位爱国的文人学者、著名的文学评论家、散文家和翻译家,是国内第一个研究莎士比亚的权威。人民日报出版社于1987年出版了梁实秋先生的《雅舍小品(选)》散文集。散文集中《雅舍》一文,被收进人民教育出版社2003年版的高中《语文读本》第一册。生活或工作的部分地方,作为梁实秋先生的故(旧)居进行了恢复,有的还开辟为梁实秋纪念馆。享誉海内外的北碚雅舍,既作为梁实秋先生旧居进行了修复,又开辟成了梁实秋纪念馆。

在近20年里,我也曾几经翻阅当年整理的有关梁实秋先生生平与创作专题专章的笔记,阅读语言具有"骈散相间、雅俗共存、引用自如与幽默丛生"十分鲜明特色的《雅舍小品》文集,走近梁实秋先生,走进雅舍,了解逝去的往事,学习其"思想"与"笔法"。

三

从西南大学1号门向东沿干道人行道前行数百步,就到了一处靠里壁立有梁实秋先生手迹的"雅舍"二字石碑。从道旁的几步台阶而上,便是依山而建横眉上书有"梁实秋纪念馆"的院落小门。小门两边悬挂着当年李清悚吟咏《梁实秋筑室北碚曰雅舍索诗补壁》七律中的诗句"鬓发催人惊岁月,文章小技挟风雷"。跨过小门登上二三十级台阶组成的一段曲折梯道,修葺一新的雅舍全貌就出现在来者的面前。

如今的雅舍,遮掩于翠竹林木之下,是根据雅舍居室成员、梁实秋子女梁文茜、梁文蔷的回忆资料和梁实秋的文章进行修复的。雅舍正前方院坝中间竖起一尊端坐造型、佩戴眼镜汉白玉梁实秋雕像。已开辟成梁实秋纪念馆的雅舍,成为人们追忆梁实秋先生的重要场所。

老舍之子、曾经担任中国现代文学馆馆长、中国老舍研究会顾问舒乙先生回忆,在8岁(1943年)时曾到过梁实秋先生的雅舍处。雅舍的修复与梁实秋纪念馆的筹建,得到了舒乙先生等知名人士和梁实秋先生后人的大力支持。在今雅舍里的展示有为寻找雅舍位置,著名画家、老舍先生夫人胡絜青女士提供的雅舍及周边的平面位置图。舒乙先生从20世纪90年代就参与"雅舍"遗址的寻找与鉴别,并亲自撰写了梁实秋纪念馆展出的《前言》。

从雅舍左边的房间进去,首先映入眼帘的是舒乙先生撰写的《前言》《梁实秋先生专略》的文字介绍。然后以梁实秋先生的生平为线索,按照时间顺序分为"梁实秋的早年求学与鲁梁论战""梁实秋的雅舍岁月""晚年梁实秋"等四个单元进行的图文与实物展览。展室内陈列了不少梁实秋著作及其研究著述,以及各种版本的《雅舍小品》及梁实秋纪念品等实物。这一张张图片,一段段文字,以件件实物及动静相生的影像资料,集中地给我们展示了梁实秋先生的不平凡的一生,特别是通过那详尽的梁实秋先生北碚雅舍生活创作历程,无不体现了当年先生在艰苦环境下坚持创作,服务大众的精神。

当年的雅舍,指的是1939年5月梁实秋先生与友人吴景超,在重庆碚青公路旁的山坡上合买的一栋房子。因这栋房子地处北碚城郊,考虑邮递方便,梁实秋建议用吴景超夫人龚业雅的名字,名之为"雅舍"。雅舍共六间房,梁实秋占用两间;龚业雅及孩子占两间;其余两间由时为教育部教科用书编委会代主任的许心武及其秘书尹石公居住。

正如梁实秋在《北碚旧游》一文中记述:雅舍"六间房,可以分为三个单元,各有房门对外出入,是标准的四川乡下的低级茅舍。窗户要糊纸,墙是竹篾糊泥刷灰,地板颤悠悠的吱吱作响"。

因"雅舍"位置特殊,可望"阡陌螺旋的稻田""几抹葱翠的远山",近有"高粱""竹林""水池"以及"荒僻的榛莽未除的土山坡"做伴。而雅舍环境特别,或能与邻人"互通声息",或有成群鼠蚊的滋扰,也或有"地势较高,得月较先"的优势。特殊的位置与特别的环境,成就了"雅舍"的个性。这正如先生所言:"有个性就可爱。"

于是，梁实秋先生在《雅舍》里说："这'雅舍'，我初来时仅求其能蔽风雨，并不敢存奢望，现在住了两个多月，我的好感油然而生。"

四

1940年梁实秋先生应友人之邀，在雅舍撰写了20多篇散文随笔，并以《雅舍小品》命名出版。

阅读《雅舍小品》，可寻觅一种闲情逸致、雅俗共赏感触。其平实简朴的内容、雅洁恬淡的风格、从容隽永的意蕴、洒脱幽默的行文，无不反映出梁先生甘居淡泊而目光向上的人生境界及旨趣。小小的雅舍成为深受广大读者欢迎的"雅舍小品"的摇篮，让梁实秋先生在这里开创了一片创作新天地，并成了一代文学大师，奠定了梁实秋先生在中国现代散文史上的独特地位。

透过这低矮窄小而简陋的雅舍，看到的正如舒乙先生在序言中说的，它恰恰是中国爱国文人过着一种颠沛流离、贫病交困日子的真实物证，足以见证他们高昂着头、直挺着胸共赴国难的不屈精神。雅舍先后成为老舍、冰心、卢冀野、陈可忠、张北海、徐景宗、萧柏青、席徵庸、方令孺、余上沅、李清悚、彭醇士等现代文人拜访梁实秋先生的一个重要的场所。文化名人难得的雅舍足迹，构筑起雅舍浓厚的人文价值。

1946年秋，梁实秋先生离开北碚，辗转于北京、广州等地，最后定居台北。在之后这数十年里，梁实秋先生不仅将台北所建的一所房子取名叫"雅舍"，还先后以"雅舍"冠名出版了《雅舍小品续集》《雅舍小品三集》《雅舍小品四集》，以及《雅舍杂文》《雅舍谈吃》《雅舍散文》等作品。梁实秋在北碚住了8年，一生将北碚视为自己的第二故乡。于是那浓浓难忘的"雅舍"情结，成为梁实秋先生眷恋一生的文化符号。

读着梁实秋先生《雅舍》一文中那"'雅舍'非我所有，我仅是房客之一。但思'天地者万物之逆旅'，人生本来如寄，我住'雅舍'一日，'雅舍'即一日为我所有。即使此一日亦不能算是我有，至少此一日'雅舍'所能给予之苦辣酸甜，我实躬受亲尝。刘克庄词：'客里似家家似寄。'我此时此刻卜居'雅舍'，'雅舍'即似我家。其实似家似寄，我亦分辨不清"的话语。"雅舍"即我"家"的深深的感叹之情，浓浓之意蕴含于字里行间，跃然于纸上。

梁实秋先生《雅舍小品》散文英文版的大量出版，以及以"雅舍"命名的系列文集的出版发行，使小小的雅舍从嘉陵江畔的北碚，走向重庆，走向海峡彼岸，最后走向世界。为此，北碚的雅舍成为海内外的读者心中的一个值得传承的文化符号。

走出雅舍房间，遇到一位从附近西南大学来的文学院大一学生，在对游客进行有关北碚历史文化名人故（旧）居古迹遗址保护与发挥作用方面问卷调查。我也十分兴奋地对雅舍得到复建与有效保护利用，给予了"点赞"。

是的，随着岁月的流逝，梁实秋先生对于一般的人来说，距离是会渐行渐远。但对于广大读者来说，那"雅舍"及其《雅舍小品》和他的"雅舍"系列的作品文集，定会成为展现梁实秋先生难忘的文学艺术人生，传承梁实秋先生不朽的人文精神与魅力的载体。

今天，我们无不为以"雅舍"为代表的历史文化名人故（旧）居的保护与利用，已成为当今社会的责任并传承到了年轻的一代而倍感欣慰呢！

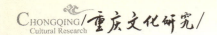

抗战文艺习作会在重庆

胡平原

　　难忘的卢沟桥事变,点燃了抗战的烽火。抗战文艺习作会在全国应运而生,在全国大中城市均有,而本文讲的是复旦大学迁移到重庆之后的抗战文艺习作会。那是1931年"九一八事件"后,复旦大学的爱国热血青年,奔走相告,游行示威,到处宣传,组织成立了一支抗战文艺习作会队伍,呼吁民众投身抗日运动。1937年伴随着复旦大学的迁移,抗战文艺习作会从庐山迁移到了抗战的大后方重庆。在重庆的日子里,他们开展了有声有色的抗日活动,在中国抗战文化史上写下了光辉的一页。

图1　中华全国文艺界抗敌协会成立合影

创刊《文种》宣传抗日

　　1937年12月复旦大学迁抵重庆,抗战文艺习作会会员拱德明受《新蜀报》漆鲁鱼同志(当时中共地下党重庆市工委书记)嘱咐在该报办一个地下学联的外围刊物,这个刊物取名为《文种》。每周星期天出一期。当时由沈钧、白汝瑗、沈大经、王公维、拱德明、蒋兰君等人组成了"文种社",王公维担任编辑任务。1938年1月15日正式创刊。他们联系复旦大学的同学,纷纷参加了"中华全国文艺界抗敌协会"(简称文协会)和"中华全国戏剧界抗敌协会"。会员们从1934年起曾在报刊上发表过一些文艺与摄影方面的作品,1936年在《飞鹰》杂志上提出过摄影抓拍"至美瞬间"是"美术摄影的最重要法则"的论点,被后来研究摄影美学的同志推崇为是最早提出这种现实主义的"抓拍"观点的,其他抗战前的一些文艺作品都没有着意以新文艺理论为指导。到了1938年,编辑王公维读了一些马克思主义的书籍以后,知道必须以新文艺理论为指导来写文。当时文艺界的活动很多,许多作家常常聚在张家花园"文协"会址或《国民公报》副总编辑姜公伟家里谈论文艺问题,其他的一些文艺座谈会也是多种多样的。

1938年初复旦大学文理法学院已经决定迁校北碚,商学院、经济系、新闻系的学生因延请兼任教授与参加实践原拟留在重庆市区上课。后来由于传闻敌机欲来空袭和管理上方便起见,所以也迁北碚黄桷树。《文种》编辑部是第二批迁去黄桷树的。

在第二批迁黄桷树的同学中,比较进步的都是相当熟悉的。这些复旦大学的同学一到黄桷树就开展抗日宣传活动。这时文种社的拱德明、白汝瑗、沈大经等参加演出街头剧《放下你的鞭子》,朱玉麟、郑彦梅、李志强、姚绍福等办起民众夜校,王公维等参加了复旦剧社,去重庆柴家巷国泰大戏院公演《古城的怒吼》,王公维担任前台主任兼宣传。学校搬到黄桷树,王公维和沈钧同住一房间,他们互相学习,研究如何办好《文种》刊物。当时商学院、经济系、新闻系的进步学生已酝酿组织党的外围组织"课余读书会"。这个读书会与抗日宣传也息息相关,因此他们也经王公维的介绍,参加了"抗战文艺习作会"。从此《文种》刊物稿源不断,刊物影响越来越大。

抗文活动内容丰富

1938年参加抗日文艺习作会(下简称抗文会)的人越来越多,会员有七十多人。于是协会就组织分工,具体安排如下,总务:沈钧,沈钧走后由陈绪宗担任。1939年底方璞德、陈绪宗去延安后,由李显京担任。李显京病发后由王公维担任。宣传:苑茵、严婉宜。组织:方璞德、张剑尘。写作:李维时。在方璞德没有去延安之前,抗文会实际上的主要负责人是方璞德。

1938年4月文种社沈钧、白汝瑗、拱德明、沈大经四人离开复旦去延安。白汝瑗、拱德明、沈大经先到武汉前线,文种社又邀请谢公望、张元松、倪宁芳为社员。他们都是"课余读书会"的成员,这时王公维就搬到张元松、倪宁芳、谢公望的宿舍去同住。当时课余读书会和抗文会的活动都很多,大家经常一起参加活动。后来抗文会在麻柳路租了一间小屋作会址,于是文种社开展活动就更加方便了。

抗文会的宣传形式多种多样,比如他们通过复旦社演出抗日话剧,向当地居民宣讲抗日的意义,对同学宣传抗日的目的,最突出的是去白庙子煤矿宣传,并且演出了街头剧《放下你的鞭子》等等。

文艺座谈会,就在小镇上的小学举行。邀请了留学日本、曾经追随过鲁迅的青年文艺理论家兼杂文家魏猛克分析讲解姚雪垠的作品《差半车麦秸》,认为这是一部现实主义的描写农民的作品,颇有一些泥土气息。猛克讲得十分生动,会员们深感收获巨大。后来他们又决定将座谈会内容登载在《读书月报》上,同时也登载了姚雪垠的《春暖花开的时候》。1940年又学习艾青的长诗《火把》。抗文会会员们还学习了一些文艺理论与哲学书籍:如维诺格拉多夫的《新文学教程》,《高尔基文学论集》,米定的《新哲学大纲》及艾思奇编的《哲学选辑》等。

与此同时,课余读书会开展了学习政治经济学与哲学的书籍活动。他们在嘉陵面馆后面租借了一个会址,买了一些图书,请吴皋来管理。这些图书都是生活类书籍,是读书生活出版社出版的。在那里学习列昂节夫的《政治经济学》,米定的《新哲学大纲》,斯隆的《苏联的民主》,《联共(布)党史简明教程》等。

课余读书会与抗战文艺习作会是两个进步的姊妹团体,可一出现,就遭到国民党顽固派学生和复旦训导处的忌恨,对两个协会的成员常常借机迫害。

1939年春,抗战文艺会员刘乃庚(朝鲜籍)在北温泉游泳,因深度近视,误入女子更衣室,一个四川军阀的姨太太也在女更衣室内,旅长的马弁持枪捉刘乃庚,被张谷函挡住,刘乃庚立即跳入游泳池。旅长与马弁拉着张谷函争吵,方璞德在场劝架,旅长及几个随从眼看就要打人,幸经陶行知先生的斡旋才暂时平息。但是反动的训导长温崇信却借故坚决要开除这位同学,大家向温崇信再三说明刘乃庚是深度近视,是误入女更衣室。温崇信无论如何都不答应,最后刘和张都免不了被开除的厄运。刘乃庚后来到綦江从事抗日救亡运动,不幸被捕牺牲。张谷函的妈妈在国民政府内政部工作,曾来校交涉,温崇信也未收回成命,大家只能对张妈妈进行安慰。

在学校当局迫害面前,抗文会会员越来越觉得反动当局的无理,战斗也越来越强硬了。汪精卫叛国,同学们围着训导长温崇信议论时,方璞德大声说:"我看说不定还会出现张精卫、李精卫!"以此来揭露国民党顽固派的投降议和倾向。大家发动会员云选修或旁听吕振羽教授的"中国通史课",或去听胡风的"文学概论课",发动会员向胡风编的《七月》投稿。抗战文艺习作会编的《文种》也刊登了许多会员的稿件。文艺习作会还举行月光晚会,组织歌咏队,晚饭之后经常在嘉陵江边的沙滩上高唱《义勇军进行曲》《松花江上》《八百壮士》《大刀进行曲》《打回老家去》《游击队歌》《祖国进行曲》《夜莺曲》等歌曲。这些抗战活动得到了广大同学的积极支持,许多同学纷纷前来参加。1939年底抗战文艺习作会在庙坝子举办了义卖大会,活动气氛浓重,意义重大,支援抗战。

文协会智斗三青团

1938年夏天,国民党在校内成立了三青团,极力发展三青团员。随着战局一天一天的恶化,同学们的故乡相继沦陷,有些立场不坚定者去参加了三青团。就连经济系有的成绩较好的同学,也被系主任叫去当了三青团员。一时间反动势力十分嚣张。这时学校学生中形成帮派:有苏北帮、贵州帮、湖北帮、江西帮以及复兴社等,与国民党、三青团结合在一起,与进步学生之间的矛盾越来越大。

首先表现在各系学会与同乡会领导权的争夺。右翼学生在政治上有国民党、三青团的支持,有生活津贴,在学生会开成立大会时,常常买些柑橘、花生之类的东西来招待同学。进步同学和同情进步的同学,就在大会宣布开会之前,进入会场,把陈放在桌子上的橘子花生,兜入口袋之后,扬长而去,使他们感到非常难看。

1939年斗争达到了高潮,发生过两次大辩论:第一次是在总教室;第二次是在趸船上。这两次辩论中,课余读书会和抗文会联合起来与右翼学生进行了面对面的斗争。

第一次大辩论在1939年10月,右翼学生提出:"斯大林既然是反法西斯的,为什么苏联偏偏要和法西斯德国签订互不侵犯条约?"参加辩论的有进步同学汪学纯(王嘉仁)、张裕镇、张元松、倪宁芳、谢公望、王公维等共二十余人,右翼学生二十人,中间的同学二十余人,共六十余人。进步同学在发言中,通过摆事实、讲道理,阐明苏联一向争取与英、法两国签订互助同盟条约共同反德。但是英法一再拖延,并且希望希特勒放松对西线的攻击企图指引德国东进进攻苏联,苏联在此万般不得已的情况下,为了自保,才与德国签订互不侵犯条约的道理,使得对方无话可说,并争取中间派同学。

第二次大辩论是在1940年春,在大鑫砖瓦厂面前的江边大趸船上举行,出席的有四五十人。参加辩论的有进步同学汪学纯、倪宁芳、谢公望、朱玉麟、张元松、王公维。这次辩论气氛比较紧张,目的是揭露国民党顽固派与三青团的丑恶嘴脸,扼制三青团的发展。辩论前的一天晚上,传来消息——国民党和三青团的学生要携带凶器,准备打架,大家在宿舍合计如何处理。随后,同学们做好了准备,第一是带了防身工具;第二是万一被打,也在所不惜。辩论开始不久,右翼学生即以嘘声、骂声、喊打声来恐吓人。进步同学义正辞严,这一场喧闹坚持了两个多小时才告结束。从此以后两方同学,就越加对立,纵然路遇,也视同陌生人。为了坚持抗战、坚持团结、坚持进步,抗文会的同仁向校内其他同学和校方做了不少工作。

每期新同学来校,抗文会就开展迎新活动,对观点接近的同学,欢迎他们入会。如邹荻帆,他是文协会员,在入学之前就已经蜚声文坛,出版了诗集,在他进入复旦之前,抗文会就举行了诗歌晚会,请邹荻帆朗诵他的诗歌,同大家一起吟诗、谈诗,十分热闹。

校内的有些进步团体也是我们联系的对象。复旦剧社,是一个有较久历史的剧社。三青团组织了一个青年剧社与复旦剧社唱对台戏,为了支援复旦剧社,抗文会和课余读书会的许多成员都参加了复旦剧社。

对于进步教授,他们也做了许多工作。教务长孙寒冰主编《文摘》,刊出过斯诺关于陕甘宁边区的报道,史沫特莱关于中国战局的论述等等,在国内产生了巨大的影响,对抗战起了鼓舞作用。同学们对孙教授十分敬仰,由苑茵与他联系,告诉他抗文会的成员都是《文种》的忠实读者。方璞德、邹荻帆和课余读书会的张元松常去看胡风。王公维因为是湖南人的关系,经常与进步教授陈子展教授联系。文协会员魏猛克身患胃病,因陈子展教授寄住在黄桷树养病,和王公维成了莫逆之交。所以,大家酝酿要把住在北碚的文协会员联系起来,组织一个联谊会。当时在北碚的文协会员,有复旦的胡风、端木蕻良、萧红、陈子展、马宗融、方令孺、王公维等。戏剧家曹禺也在复旦,但他常住在市区。在国立编译馆的有赵太侔、赵清阁、胡绍轩。在通俗读物编刊社的有老向、赵纪彬、方白、杨芒莆、王冰洋。在其他方面的有魏猛克、何容、王林谷等。1939年夏,经过魏猛克和王公维的奔走,于9月在黄桷树王家花园举行了中华全国文艺界抗敌协会北碚联谊会成立大会,会议有胡风、萧红、王公维等十七人参加。这是北碚区文艺界的盛会,会上人们畅所欲言,畅谈友谊,会议决定要长期不定期开展这项活动,并推荐老向和王公维为联谊会的召集人。

图 2　中华全国文艺界抗敌协会北碚联谊会 1939 年 9 月合影于重庆北碚黄桷树王家花园内

联谊会本来是要继续举行的,但到1940年国民党反动派掀起又一次反共高潮以后,这种大规模的集会已不适宜举行。小规模的交往倒是常有的。譬如:老舍从市里到北碚来,住在老向家里,当时复旦的文协会员陈子展、马宗融、伍蠡甫、梁宗岱以及老向和王公维等在松鹤楼菜馆欢宴过老舍。文协和剧协的会员,有路过北碚去北温泉游览或去草街子育才学校的,大家都做了一些送往迎来的工作。

抗文协会校外活动

1938年李公朴先生和夫人张曼筠住在黄桷树对岸北碚镇街上,抗文会的成员经常去访问,请教救国会的许多道理。

文协会员中的小字辈:魏猛克、王林谷、谢布德、胡绍轩、王公维五人,在王林谷的促进下,在北碚操场边的布告牌上,定期出刊《火焰山》文艺壁报,宣传抗战文艺。魏猛克的新文艺理论根基很好,他们五人经常在北碚火焰山喝茶,讨论文艺问题。魏猛克、王林谷、王公维提倡文学上的现实主义。胡绍轩是写剧本的,过去老是跟国民党的文艺路线走,他受了抗文会的影响,也试写了现实主义的剧本《铁砂》。谢布德经常在《大公报》发表艳丽的散文,用词技巧很美但内容不够丰实,也受到抗文会的影响,他表示要走现实主义的创作道路。王林谷的女友汪爱鸾在北碚国立重庆师范学校读书,由她介绍了许多重师学生和其他文艺青年来参加文艺的评论,并为《火焰山》壁报提供稿子。木刻画家张望还要求火焰山文艺社协助中国木刻家协会假北碚小学举办木刻展览会,展出陈烟桥、李桦、卢鸿基等名家抗战木刻百余幅,并曾由王公维介绍《时事类编》主编梅汝璈,每期采用木刻展品一幅作为该刊的封面。

此外,抗文会会员王公维还参加了《国民公报》副总编姜公伟1939年1月15日在《星期增刊》上,关于《第二期抗战中文化工作的瞭望》专辑的笔谈会。

1939年春中华全国文艺界抗敌协会总会迁移重庆,在留春屋酒家举行宴会。会上每人发金属会徽一枚,镌刻有灯塔图案。1939年4月间重庆市文化戏剧界在国泰大戏院公演夏衍同志写的话剧《一年间》,为郭沫若同志办的《救亡日报》筹捐经费。抗文会会员王公维在4月13日的《新华日报》上发表《〈一年间〉的启示》一文。1939年4月的一个晚上在柴家巷康心如公馆,由全国文协会举办的欢送作家慰劳团(分为南北两路慰劳团)分赴前线慰劳抗战将士的集会上,老舍朗诵了他的话剧处女作《残雾》的第一幕。

通过这些活动,抗文会会员在校内、校外与各个方面建立了广泛联系,进一步明确了抗日前进的方向,鼓舞了斗志,为建立正确的人生观,激发抗战意志,起到了很大的促进作用。从1939年冬天开始,国民党不断地掀起一次又一次反共高潮,复旦大学的许多进步同学和共产党员一批一批地先后离校去抗日前线和延安。1940年夏天大批抗文会会员又相继奔赴抗战前线,因此,重庆的抗战文艺习作会就这样停止了活动。

1939年8月,总会与香港分会共同创办了一份英文的刊物《中国作家》,向海外人士详细介绍中国的新文学。其曾这样讲道:"中华全国文艺界抗敌协会是一面光辉的旗帜,也是一个战斗的堡垒。"正如当年《新华日报》所指出的那样:"这个协会的成立,是我们民族解放斗争发展中的一件大事,是我们文艺发展史上最光辉的一页!"

编者按：

弘扬具有当代价值的文化精神，传递中国文化历久弥新的内涵与魅力，是中国当代设计的重要命题。为传播中国饮食文化历史，展现独特的地域饮食风貌和手工制作器物的传统技艺。中国当代设计通过对优秀传统工艺的挖掘、碰撞、融合、创意，使民族文化基因与当代文化相适应、相融合，与现代社会及人们的审美和生活需求相协调。现从"丝路长·宴四方——中国饮食器物设计文化展"选取部分优秀作品以飨读者。

中国传统工艺设计文化作品选登

《山海杯》　作者：王立端、范易、何源源等　材质：玻璃、陶木、大漆、瓷纸、金银铜、竹砂

《新概念泡菜坛》　作者：杨曼羚、邹红媛、周丽雯　　材质：陶瓷，木

《草草成器》　作者：王立端、叶凌杉、吴菡晗　材质：稻草类植物、糯米、大漆

《砂器》——荥经砂器器皿　作者：廖桦　材质：砂泥、木材

《竹八仙》——全竹八仙桌　作者：张海涛　材质：竹

《旋切木艺》 作者：吴时敏 材质：木

《皴》——铜胎漆器　作者：何源源、王立端、黄欣　材质：铜、纸、植物漆

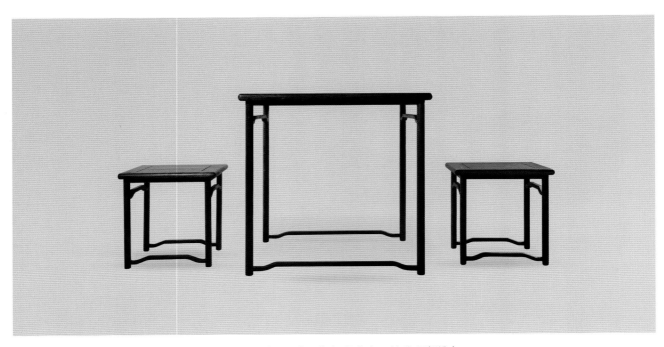

《净桌》——木八仙桌 作者：吴菡晗 材质：黑胡桃木

《暖暖》 作者:廖桦 材质:砂、泥、木材

《器节》——锤起铜器　作者：何源源　材质：铜、木

《沙岩》——纸胎漆器　作者：王立端　材质：纸、植物漆

《疯狂蔬果》——花器组合　作者：罗黛诗、谭志鹏　材质：铜

《晒桌》——综合材料八仙桌　　作者：赵宇、糜思尧　　材质：金属、竹、漆

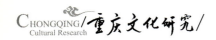

《胎》 作者：文森　材质：漆

《相逢》——铸铁茶具　　作者：周亚蓬、王立端、吴菡晗　　材质：铁、铜、木

《莫兰迪的漆物》 作者：刘利、张媛媛　材质：漆、纸

《意陶24器》——气体成型陶瓷　作者：尧波　材质：陶

《铜瓷造器》——碎瓷重生器皿系列　作者：张建平、罗显怡　材质：陶瓷、大漆、金箔、铜

《竹编焙库》　作者：王晨雨　材质：稻草、竹

《竹节•丝语》——竹丝瓷胎器皿　作者：任宇、谢睿　材质：陶瓷、竹

《族》 作者:潘宏甲　材质:竹、毛线

《巢鸾共觅》概念"八大碗"餐具系列　作者：陈俊平、谭忠诚　材质：陶瓷

黄庭坚《北窗》诗析释辨

傅德岷

　　黄庭坚(1045—1105)，北宋著名诗人，字鲁直，自号山谷道人。洪州分宁(今江西修水)人。宋英宗治平四年(1067)进士。宋哲宗时(1086)以检书郎为《神宗实录》检讨官。元祐四年(1089)，《神宗实录》告成，其母染重病，沉疴不起，他返家侍奉病母，直至母亲逝世。他在家守丧三年。返京后，曾任秘书丞兼国史馆编修官。但到绍圣元年(1094)，宣仁高太后病逝，哲宗亲政，重新起用支持王安石变法新政的骨干章惇、蔡卞等人。他们乘势打击陷害司马光执政时否定新法的元祐"党人"(旧派)。黄庭坚被诬在《神宗实录》里有诽谤不实之词，被贬为涪州(今重庆涪陵)别驾，黔州(今重庆彭水)安置。黄庭坚来到偏僻荒凉的黔州，"买地畦菜，开轩艺竹，水滨林下"，开始了自给自足的劳动生活，并以"黔中老农"和"涪翁"自称。

　　元符元年(1098)春，黄庭坚外兄张向提举夔州路常平，为避亲嫌，他又奉诏移戎州(今四川宜宾)安置。他于五月底离开黔州，六月初旬抵达戎州。黄庭坚贬居荒蛮之黔州，整整四年之久。元符三年(1100)五月，宋徽宗即位，当月即复黄庭坚为宣德郎，监管鄂州，这才结束他谪贬黔戎六年的流放生活。

　　黄庭坚早年以诗文知于苏轼，与张耒、晁补之、秦观并称为"苏门四学士"。在元祐"党人"未被打击前，他们在京常有诗酒喝和之作。

　　黄庭坚诗作甚多，其中有《北窗》诗一首，诗云：

　　　　　　生物趋功日夜流，园林才夏麦先秋。

　　　　　　绿阴黄鸟北窗簟，付与来禽安石榴。

　　《北窗》诗写于何时？内容写的是什么？潘伯鹰先生选注的《黄庭坚诗选》(上海古典文学出版社1957年11月版)选了这首诗，认为此诗任渊编在元祐四年(1089)，正是政潮日起，苏东坡退出中央，外任杭州太守的时候。故任渊说"有所寄，语意深长"。潘先生未对"有所寄"和"深长语意"作阐释。在注"付与来禽安石榴"时，潘先生又引用任渊之注云："末句盖有所寄，言物化用事于一时，姑听其自然耳。"仍语焉不详，不知所指。

　　《宋诗鉴赏辞典》(上海辞书出版社1987年12月版)史乘先生在赏析《北窗》时，谨慎地认为"这首七绝可能作于宋哲宗元祐四年(1089)……诗中所写为诗人在寓所北窗下之所见所闻"。对任渊的"有所寄"作了阐释，说："元祐四年四月，黄庭坚的知己苏轼，由于朋党之争不容于当权者，曾多次乞求放外郡。这时，苏轼以龙图阁学士知杭州。从此黄庭坚失去了一个多年来朝夕相处、诗酒唱和的伴侣，心里极不舒畅。但他生性又很达观，相信这种状况迟早会有所变化，那么目前且听其自然吧，好像现在窗外来禽、安石榴花开正艳，过些时日还不是为别的花所代替？诗中'付与'二字，细致入微地刻画了这种复杂、矛盾的心情。"即对苏轼的外任杭州既感到遗憾，又让人觉得没有什么，事情会有变化的，且"听其自然"吧。

对上述的析释,笔者有不同看法。按上述所说,《北窗》诗是因苏轼外任杭州太守时所作,即在元祐四年(1089)四月。据查,三月中旬苏轼离京时,苏门四学士为他饯行。之后,黄庭坚即因母病返乡奉母。苏轼于四月初到达杭州。京城(汴京,今河南开封)三月,气候还很寒冷,偶见雪花飘飞。哪来的"麦先秋"?亦无"窗外绿树阴中黄鸟(黄鹂)在婉转地啼鸣",黄庭坚在北窗下更不会睡竹席(簟)。窗外的"来禽"(林檎,俗名花红)和安石榴这两种果木就是在南方也要农历六七月才开花结果。在北方寒冷的三四月,哪来的"花开正艳"的来禽和安石榴?所以,认定《北窗》诗写于元祐四年四月,苏轼外任杭州太守时,是不合情理的。

那么,《北窗》诗作于何年,表达的是何种思想感情呢?笔者认为:此诗应写于诗人离开黔州、移戎州安置的元符元年的五月下旬。前文已说明,这年春,诗人外兄张向提举夔州路常平官,为避亲嫌,他奉诏移戎州。他于五月下旬离开黔州,六月初旬抵达戎州。这时的黔州,已进入夏天,开始炎热。故诗的第一句"生物趋功日夜流",是说世间万物根据自身的发展规律,像江河一样奔流不息向前。言外之意是说自己谪贬黔州已是四年,现在又到了炎夏五六月了。第二句紧接着说"园林才夏麦先秋",园林中还是郁郁葱葱的夏天,而田野间的麦子早已熟黄收割了。《礼记·月令》:"孟夏麦秋至"。黄庭坚在黔州曾"买地畦菜",过着"黔中老农"的生活,故对农村季节转换、庄稼的播收感触很深。第三句"绿阴黄鸟北窗簟",这里的"绿阴"不是指佳木繁阴之"绿阴",而是指"绿阴轩"。黄庭坚谪居黔州后,在城南乌江东南峭壁之巅,与摩围诸峰隔江相望之处,建有一座读书、会友、吟诗、把酒、写作之所,取名"绿阴轩",取自唐诗人杜牧的《叹花》诗"狂风落尽深红色,绿叶成阴子满枝",并手书"绿阴轩山谷题"楷体匾额,今尚在。"黄鸟"亦非指啼鸣婉转之黄鹂,而是借《诗经·小雅》中的一篇《黄鸟》,《齐诗》说是远嫁异乡的女子因遭轻侮而思归之作。朱熹《诗集传》认为是"民适异国,不得其所,故作此诗"。余冠英《诗经选》则认为是"离乡背井的人在异国遭受剥削和欺凌,更增加对邦族的怀念"。均认为是离乡背井之人,思归怀旧之作。黄庭坚在《谪居黔州十首》中,常流露出思归怀旧之意。如:"相望六千里,天地隔江山。十书九不到,何用一开颜。"(其一)"故园音信断,远郡亲宾绝。"(其三)"时物感人情,忆我故乡曲。"(其七)浓浓的思归之情自然想到《黄鸟》诗,并以"黄鸟"自喻,想到自己是困居"绿阴轩"中的"黄鸟"即将离开生活四年的黔州,不免怅然。"北窗簟"指诗人卧居绿阴轩中北窗下的竹席。他在《谪居黔州十首》中亦有记载:"轻纱一幅巾,小簟六尺床。无客尽日静,有风终夜凉。"(其九)这"绿阴轩""北窗簟",因自己(黄鸟)即将离开黔州,无用了,只好留给遭受贬谪、流居黔州的后来人了!故第四句接着说"付与来禽安石榴"。来禽,即木檎,俗名花红,盛产于黄河流域及长江中下游一带。安石榴,指汉代张骞从西域安息带回来的石榴,故称安石榴。它们移植到黔州,都是背井离乡者。诗人借用"来禽""安石榴"两种物象来喻遭贬谪黔州的背井离乡的后来人。故"付与"二字饱含诗人对遭贬的后来人的深厚同情。

可见全诗之意是:在"麦先秋"的五六月,诗人这只时刻思归的"黄鸟"即将离开黔州,再贬戎州之际,心中不免怅然和愤懑。眼看陪伴自己四年谪居生活的"绿阴轩"和"北窗簟"已无用了,只好留赠给遭贬的"后来人"!诗人既表达了对"同命人"的同情与关怀,更委婉地表达了对宋王朝执政的章惇、蔡卞之流,无辜迫害良臣的愤懑和谴责!将《北窗》理解为"自然清新""语意深长"(不明其意)的见闻诗,显然是脱离写作背景和诗人本意的。

评川戏讽刺喜剧《好逑传》

彭斯远

著名川剧艺术家李行(1928—),以弹戏方式创作的讽刺喜剧《好逑传》,是一部以歌颂女主人公水冰心争取婚姻恋爱自由为主题,并表现她与纨绔子弟过继祖(原小说为过其祖)以及他背后的强大官场腐败势力进行顽强斗争,而最终获得胜利的曲折过程。全剧之所以非常好看,乃在于戏剧冲突一个接一个地陆续出现,让人感到剧情紧凑曲折,十分吸引观众眼球。

该剧既没有刀光剑影的屠戮,也没有凄惨悲凉生活情景的再现,却透过美丽秀雅的女子水冰心是否被流氓无赖过继祖强迫成婚的故事,紧紧地把观众抓住,令人欲罢不能。

这部戏当然也属讽刺喜剧范畴。剧作家采用鲜明的对比手法,一方面揭露过继祖倚仗他父亲是朝廷宰相的权势,勾结地方官吏企图强逼水冰心为妻;另一方面又赞颂水冰心巧妙地与过继祖等人周旋,不但一次次避开过继祖的凌辱和胁迫,同时还对他进行嘲讽反击,使之狼狈不堪,丑态百出。

借鉴了同名小说部分情节的《好逑传》,其第一场"公子强逑"叙写纨绔子弟过继祖,因羡慕兵部侍郎之女水冰心的才貌,几次遣媒均遭严词拒绝。这令他恼羞成怒。此时,适逢过继祖之父被提升为宰相,过继祖所在地方的父母官马知县,为了巴结过家不仅亲自上门为媒,而且以水冰心之父待罪戍边对水冰心施加压力。

该戏第二、三场,从"淑女智卫"写到"移花接木"。具体叙写了水冰心的叔父水运,因垂涎其兄长的家财,也为虎作伥竭力帮助过继祖大力撮合这门婚事。水冰心迫不得已,只好利用叔父目不识丁而巧用移花接木之计,在回聘帖上书写堂姐香姑的生辰八字。后来到迎亲之日,叔父方知上当,但有媒有证,水运也实在无可奈何;而堂姐香姑却贪图过家的荣华富贵,欣然愿往。

此剧第四场,叙写马知县在与过继祖饮酒过程中,提出要揭开盖头看看新娘的美貌面容。结果揭开盖头,才发现新娘并非水冰心,而是她的堂姐——香姑。过继祖见此情景,虽然气得七窍生烟,却不明究竟,于是新房里的几个人,立刻闹成了一锅粥,集讽刺和闹剧于一身的喜剧特点,在该场剧中得到了充分的显现。

接下来,从第五场"作茧自缚"开始到全剧终,更把水冰心面对过继祖以及马知县、冯巡按等腐败官员一个比一个狡诈、厉害的反复逼婚,以及水冰心冷静应对、一一化解的智谋,叙写得层次分明,格外感人。水冰心的性格刻画,也得到了完整的体现。原本是个手无寸铁的弱女子,但她却能取得节节胜利,这不能不让观众感到大快人心。

另外,第五场还用水冰心的唱词来表达她对事态发展的深谋远虑:"过继祖前番遭我戏,必不甘心把事息。还须小心常戒备,深居勿出防不虞。"果不其然,过继祖假借送"恩书赦诏"之名而欲将水冰心抢走。面对此情此景,水冰心急中生智,假意同意与过继祖结婚。当然这不过是她的缓兵之计而已。但水冰心随后却故意提出,即便要与过继祖结婚,也应先到马知县县衙,而不能直接到过家。如此得到过家同意后,该剧借水冰心之口唱出了女主人公对于自己所处险恶环境的清醒估计,和"应变随机"的复杂心理:

> 恨狗官与恶霸阴谋设计,
> 好叫人心儿中怒火不熄!
> 仓促间中机关出其不意,
> 我只得冒风险应变随机。

为了与敌周旋,水冰心不惜采取主动进攻态势,立马驳斥马知县指责自己"背盟负约"的不良居心。在对方尚无还手之力的情况下,水冰心立即要求必须"等我爹爹回来主婚"!

接着,水冰心又故意说出父亲的"恩书赦诏"已到等语。待马知县明确指出"恩书赦诏"一事不可信时,水冰心再进一步深刻揭露过继祖既"强娶孤女",又"假传圣旨",于是要求马知县"速拿过继祖到案,依法严办"! 其咄咄逼人的姿态,着实让马知县用"倒板"转"三板"的唱腔,迅捷倾吐出了自己心中的胆怯和惊惧:"闻罢言吓得人汗流如雨,浑身上直打抖如发疟疾!"而一直处于攻势的水冰心则用唱词,再次揭露了过继祖逼婚的罪恶居心。

此时马知县被水冰心锐意穷攻的姿态所震慑,水冰心还非常智谋地要求马知县派"官轿仪仗"送她回府。其胜利者的姿态,显得何其从容不迫。观众看到这里,对于水冰心的斗争智谋,更充满信心。

如此一出揭露过继祖"假传圣旨"结果弄得逼婚惨败的"作茧自缚"之举,不仅把过继祖逼婚的罪责和行为的荒唐,揭露得体无完肤,而且把川剧原本具有的辛辣讽刺的喜剧特色,也予以了充分显现。

继此之后,第六场"御史威逼",让剧情更进一层,在马知县诱骗水冰心与过继祖成婚失败之后,过继祖仍不死心,便搬动父亲门生即新任巡按冯瀛,让他抛出虎牌,强令水冰心与过继祖必须十日内成婚。这犹如晴空霹雳般震慑了水冰心!

水冰心虽看似一个手无寸铁的女子,却并非柔弱可欺。在一番对于马知县泯灭天良和助纣为虐的怒斥之后,她接着又对按察使那"谄权媚师"的行为予以了深刻揭露。如此便把水冰心那宁为玉碎,不为瓦全的态度展露无遗。该剧在刻画女主人公的反抗性上,的确是不惜笔力的。

水冰心时软时硬的回答,让马知县似乎看到了一点儿希望。但实际上,这是水冰心在拖延时间,以此观察和考虑如何进一步实施自己的计谋。

后来,水冰心终于从中把握住了于自己有利的时机。于是,她立马指出,一则免于"旁人笑我苟合",再则家父归来也不至于"责我自专","求大人留虎牌以证无私"! 愚蠢的马知县不知是计,便将虎牌交给水冰心了。水冰心接虎牌之后,对此会心一笑,从而对自己的斗争策略充满了必胜的信念。

第七场"察院惊雷",叙写水冰心直接到冯巡按的行辕击鼓喊冤,这引起了官方的格外关注。不仅如此,水冰心面对冯巡按还大声说道,一则因谄权媚师,二则因勒逼孤女,"我把你冯巡按告了!"

如此一声义正辞严的冤情叙述,大大震动了公堂。接着就是水冰心与冯巡按双方的直接交锋。几个回合之后,冯巡按很有些招架不住了,但还是恐吓地吼道:

"胆大水冰心,告官渎吏,流徙三千,律有明文,汝可知道?"水冰心胸有成竹地用唱词回敬道:

> 说什么谤大臣告官渎吏,
> 冯大人说此话你在吓谁?
> 虎头牌存我家有凭有据,
> 又非是告诬状情假词虚!

既然是要告状，冯巡按当然立马就要看状子，水冰心毫无防范地庚即递上状子。可是，对方不由分说便将该状子撕得粉碎，如此情节令观众为那势单力薄，没有丝毫斗争经验的年轻水冰心捏了一把汗，但在老奸巨猾的官场老手冯巡按，也以为自己胜算在握而处于洋洋得意之时，一阵哈哈大笑的声音却从水冰心的口里轻快发出：

"那是副本！状子的正本我早已命家人传到京城去了……"

如此一番言说，不仅把那愚蠢而颟顸的冯巡按吓得呆若木鸡！而且还让人觉得那意料之外的情节安排，其实是始终让人感到处于情理之中的。这便把年轻的水冰心那丰富的斗争经验，予以了有力的烘托。

由于水冰心有着周密策划和合于法度的坚决抗争，冯巡按的防守底线终于被挣断了。于是，他不得不向观众坦露了自己决心不再坚持"谄权媚师"和"勒逼孤女"成婚的固有主张，对于那位扶不起的公子哥儿开了个不大不小的玩笑：

过继祖呀，过世兄，为着尊翁的面子，本院的帽子，也就顾不得你要讨她做妻子了！

如此用三个"子"字构成的语句，既把冯巡按为保自己官位而不愿继续为非作歹的改恶从善心理予以了公开表白，同时也再一次体现了川剧的讽刺喜剧特色。

总之，作为一部具有讽刺喜剧风格的川剧《好逑传》，其剧本通过丰富的情节，将几个主要人物都刻画得性格鲜明而有助于全剧思想内涵的尽情展示，如女主人公水冰心为捍卫自己婚恋自由而表现出的坚强果敢，智谋善断；马知县的两面三刀，俯首帖耳；冯巡按的谄权媚师，八面玲珑；叔父水运的自私贪婪，为虎作伥；还有花花公子过继祖的享乐腐化，胡作非为。

此外，该剧各场次对人物对话反复推敲锤炼，使其显得精致含蓄，或雅或俗，皆因人而异；至于唱词，则音韵铿锵，一韵到底。戏曲语言要做到这一点，那是很不容易的。俗话说，十年磨一戏。读《好逑传》让我们对此有了更深一层的理解。

《好逑传》的作者李行，男，汉族，四川岳池人，中国农工民主党党员，四川大学法律专业肄业。作者长期从事戏曲的编剧和编辑工作。自1951年在重庆市文化局文艺科、戏改科工作始，大半个世纪以来，一直没有离开过重庆市戏曲的创作研究。作者曾在重庆市川剧院研究室任副主任，重庆市川剧研究所任副所长。作者还是中国戏剧家协会会员，中国戏剧家协会重庆分会副主席、顾问，四川省川剧艺术理论研究会顾问，重庆市川剧艺术理论研究会副会长，《重庆戏曲志》副主编，重庆市文史书画研究会理事。1994年被聘任为重庆市人民政府文史研究馆馆员。

作者除创作川剧《香罗帕》《官星高照》《好逑传》《穆桂英战洪州》《百花公主》等30余部作品外，还撰写有《李文志评传稿略》《八仙外传——亚门》《坎德威尔的烟草路》等作品。出版的著作有《李行剧作选》。

代表作《好逑传》创作于1958年春。同年12月，该剧被重庆人民出版社以单行本形式发行。

《好逑传》问世后，立即被重庆市九龙坡剧团首演于杨家坪长江剧场。其导演为周世龙，鼓师为方仁荣。彭则华饰水冰心，杨泽新饰过继祖。因演出受到群众热烈欢迎，不久该剧先后被四川省川剧院、成都市川剧院、重庆市沙坪坝区川剧团等专业剧团相继排演，南桐矿区川剧团甚至将该剧列为剧团重点保留剧目。20世纪80年代仍经常演出。

百年老街的印痕

余炤

　　作为曾经在农村生活的人,我有太多美好的记忆,是城市长大的人不可感受的。住过穿斗房、玩过泥巴团、爬过黄桷树、耍过躲猫猫……但我却对穿斗房木门,每天开、关发出的"吱嘎"声,感觉特别有韵味,这,或许就是"乡愁"的味道吧?

　　在这个南方小镇里,处于城市和农村之间的小镇,就有一条始建于明朝中期,距今有500多年历史的老街。虽然随着社会的发展,原本生活在老街的人们,一批一批地涌进城市,老街也似乎真的老了,衰败了,渐渐没落在工业时代,没落在一条破烂的小巷里。但这条老街还是彰显出巴渝老集镇里寻常的风景,檐廊式穿斗房所形成的百年老街,诉说着这条街道从前的繁华:这是商贾们进出邻封的必经之道,这是长涪两地比邻而居的贸易集市,紧靠龙溪河邻封码头,是邻封镇最为繁华的地方。

　　笔者见识浅薄,但初次走进这条老街,也被这些残存的独特的建筑所吸引。老街建筑多以土木穿斗为主,街道铺满承载着上百年厚重历史的青石板,门廊窗棂的设计风格尽显明清时期的人文风俗。长长的两坡屋面覆盖下的穿斗夹壁墙,一家连着一家,夸张的屋檐在相对而居的两户门口几近相接,只留下近一尺的空隙,形成一线天。与之对应的地面,挖出的一道沟渠(本地人称阳沟)。在晴天,接下的是一道阳光;在雨天,接下屋檐水,雨水再顺着沟渠流进龙溪河。一条街上的居民,阳光共享,雨水不沾,也算公道。同时,这条沟渠形成了当时涪陵县和长寿县的分界。据史料记载,在清初,涪陵、长寿两县各建场于此,以百年老街阳沟为界,取以邻为友,各自为政之意为"邻封",因此这条百年老街被称为"一街跨两县"比较贴切。

　　这条通过房屋屋檐延伸而形成宽近3米的廊道,吸取了中国南方的建筑特色,秉承江南水乡常见的廊檐的建筑理念。邻封镇地处亚热带地区,气候温和湿润,特点是四季分明,雨量充沛,大陆性季风气候显著。冬季相对暖和,春季来得早,春夏雨水多,伏旱频繁,盛夏炎热,秋季多阴雨,无霜期长。正是因为特有的气候环境,"其民质直好义,土风敦厚",所以人们修建房屋时,有意延伸屋檐,雨天不湿脚,晴天不晒日,方便自己也方便他人。在百年老街上,几乎所有的铺面都是前店后居。杂货摊的生产生活器具、茶馆酒肆里的龙门阵和吆喝声、铁匠铺里硬碰硬四溅的火花、油坊里植物油的清香,形成了老街的古老行当。特别是油坊那一声声榨油号子,回响在老街的廊檐、穿斗房,而后扬出上空,在历史的隧道中回响。榨油号子风趣、幽默、诙谐,也不失有一定文化内涵。高亢明亮、浑厚粗狂的号子,喊得满街透亮,喊得幺妹思念有情郎。听吧——"春季里来春风吹,幺妹楼上描画眉,眉毛描得再好看,独守空房无人陪。叫声幺妹莫乱想,哥在石杠榨油坊,莫道油坊千年在,怎比幺妹在身旁。"

"秋季里来秋叶黄,幺妹灯前晚卸妆,满头翡翠都摘下,一点朱唇无人尝;幺妹相思在绣房,哥哥流汗在油坊,有朝一日回家转,日同板凳夜同床。"(注:这里的榨油号子留存于现在的万州,长寿境内的榨油号子可能已失传。)

老街有着宽敞的交易空间,在逢集赶场的时候,无论烈日炎炎还是打雷下雨,都无碍檐廊下热闹的生意往来。

人们在生意兴隆的同时,物质上得到了一定的满足,精神上的需求就日益增长起来。在老街,从这头到那头,一道石板路,连接着两座寺庙:上庙和下庙。如今这两座寺庙,虽已是断壁残垣,但在一条老街上,有两处寺庙出现,更能说明人们对生活的祈愿,或者说因为龙溪河滩多水急,烧香拜佛祈保平安也是常情。如今,高高在上的东邻寺为今人提供了一个祈福纳祥,抒发美好的愿望和祝福的新去处。但当我们再次走访老街时,当地老百姓却给我们提供了新的信息,上庙下庙,还搭建有戏台,我们感觉一下子思维被逆转了。这种建筑,在南方是非常普遍,但是寺庙,是会馆,还是文化活动场所,这还需要进一步的考证。当然,经济兴、文化盛,人们在谋生之余,过一把戏瘾,丰富一下贫乏的文化生活,也算是为上庙和下庙的存在,给出的另一个注解吧。

老街濒临龙溪河,有一百年老街渡口,曾是当地米粮、木材和夏布等物资的出口站,也是解放前邻封与外地连通的重要水运航线。龙溪河水深滩多,撑船不便,划桨耗力,劳动人民的智慧是无穷无尽的,聪明的便会创新,于是就想出来了将钢绳穿过木船,用铁质的手柄一前一后"拉"动木船的办法,人们也称之为"拉拉渡"。当然这种渡河方式在沈从文的《边城》里,早有说法,只是不知这龙溪河畔有没有一个老人,一个女孩子,一只黄狗……随着现代交通的发展,龙溪河古渡虽然已经慢慢退出历史的舞台,运送过河的场镇居民,还延续着传统摆渡。古渡边上并排着数棵几百年的黄桷树,更是给这条百年老街和古渡增添几分朴拙韵味。百多年来,渡船还是那种渡船,摆渡了两岸的人来人往,摆渡了老街人的离合悲欢,也摆渡了百年老街的兴衰起落。

1951年9月,随着区划的调整,涪陵县邻封乡划入长寿邻封乡,这条街道也就结束了"一街跨两县"的历史,后来长寿县城区到狮子滩的公路修通了,还修建了狮子滩电厂和新的街道,老街不再作为赶场集的主要场所,自然就渐渐冷清下来。曾经在这条街上,公鸡打鸣后,人们开门做生意,整齐如一的"吱嘎"声,榨油号子,龙溪河岸的拖滩号子,也就成为原住民最美好的记忆。如今,大多数房子已是人走屋空,宽敞的檐廊里,存放着农业生产用具,还堆满了玉米秆、豆梗等柴火。即使已经安装了天然气,留守的人们还保持着生活传统,用那袅袅炊烟,为我们留下浓浓乡愁的同时,还在静静地等待百年老街的重生。

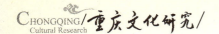

乡村老照片

魏桂英

一、乡村的乞丐

那是一个秋天的早晨,风儿飒飒而凉爽,昨夜诞生的露珠在绿绿的草叶上还闪着不算怎么明亮的光芒。我的父亲和母亲在用一张生锈的老犁和一头老牛共同耕耘着祖先留下的土地,父亲扶犁,母亲牵牛。年幼的我坐在一棵老柳树下逗弄着那只可爱的小猫——豆豆,手里是我从家里带来的一个馒头。

豆豆忽然咪咪地叫个不停,我随着豆豆的视线看到了一幅画面:一个老妪披头散发,左手拄着一根破败的木棍,右手托着一个月牙似的白碗。这并不让年幼的我吃惊,让我奇怪的是跟在后面的小男孩,他们向我走来。小男孩和我年纪相仿,五六岁,但他的个子比我足足矮了半头。他面色苍白,鼻涕已经流到嘴边。我清楚他们是讨饭的。小男孩大大的眼睛立刻变得有神起来,因为他看到了我手里的馒头。父亲和母亲看到了老妪和小孩儿的到来,他们赶过来。而这时我已经把馒头递给了老妪,老妪的手脏脏的,手掌瘦瘦的,目光里盛满感激。我不懂父亲和母亲这么快赶过来的原因,莫名地看看他们。我看见母亲的脸色阴沉不言语,父亲不但脸色阴沉还向我大声吼叫为什么给他们东西,给他们东西吃你吃什么之类的话。我心里感到异常的委屈。因为父亲从来没有像那天那样发那么大的脾气。年幼的我眼里含着泪水。豆豆冲着父亲不快乐地咪咪叫着。就在这时,我又看到了一只脏脏的手,原来小男孩把馒头还了过来,我的思想停止了跳动,父亲和母亲似乎也一愣。我把小男孩脏脏的小手推了回去。小男孩转过身又把馒头递给老妪,老妪望着馒头嘴一个劲地嚅动,但是,她还是把馒头推给了小男孩。小男孩好像不愿意,老妪于是勉强咬了一小口。小男孩这才狼吞虎咽地吃起来。父亲和母亲回到老犁和老牛旁,重新开始耕地。豆豆也安心地趴在老柳树下。小男孩终于吃完了馒头,我把柳树下的暖壶和茶碗拿了过来,倒了白开水递过去,老妪接了过来,她的目光里呈现出大片的雾气。这雾气弥漫开来,犹如那个秋天清晨的露珠。

老妪和小男孩离去了。一切归于平静。在那个有着凉凉秋风的早晨,我试图用我年幼的理智来聚拢那残缺的美丽。然而,我恍惚中看到的只是一根破败的木棍和一只月亮牙般的白碗。它们在我飞翔的脑海里摇摆。

同样是一个秋天的清晨,同样是我的父母,同样是那只可爱的豆豆,同样是那张老犁被放在已经没人住的老屋墙根下,同样是那头已快干不动活的老牛被拴在老屋院内的榆树下,所不同的是我的年纪,父亲母亲的年纪,还有豆豆的年纪,所不同的是这个秋天没有凉凉的风吹来,我相信远方已经没有凉风了。这个清晨,我坐在老屋院里的梧桐树下读书,衰老的豆豆在我的脚下打着呼噜,父亲和母亲也在老屋的院里用铡刀给老牛铡草。就在这时,院里的大铁门吱的一声一下开了。豆豆忽然睁开了眼睛,冲着大铁门叫了起来。我们看到了一幅这样的画面:一位四十多岁的男人和一位四十多岁的女人各自手里提着一个黑色的皮包。那个男人,他凌乱的头发和长长的胡须让我莫名其妙地生出几分讨厌。男人的脸上虽然有厚厚的污垢可仍然掩盖不住他的肥胖,他的肚皮出奇的浑圆。还有那个女人,她的眼睛里闪着扑朔迷离的光芒,以及她那白得令人可怕的皮肤,同样让我莫名其妙地生出几分讨厌。他们一起向院子里的父亲母亲靠拢。豆豆发出声嘶力竭的尖叫,女人和男人的目光中闪过一些惊慌。很快,他们镇静下来。他们操着南腔北调的口音对父亲和母亲讲他们是夫妻,只因为家乡闹了干旱才出来,并说要点钱,最少五元。说完了女人便向父亲和母亲伸出了一只白皙的手。父亲和母亲停下了手里的活。母亲说你们穿得这样好哪像讨饭的,男人脸上闪过一丝尴尬的神色说我们确确实实是讨饭的,大娘你可别看我们没穿破衣裳,最后男人和女人好话说了一大筐,就差没给母亲跪下了,母亲才给了他们一张皱巴巴的人民币,一元。女人眼睛一亮,无比从容而镇静地接过了一元钱。女人说大娘大娘你再多给我们点吧,这点钱够买什么呢,不给五元给四元也行。母亲说我就给你们一元,再说这也不是买卖东西,你们讨饭怎么还讨价还价呢。女人哑口无言。男人和女人对了一下眼色,我惊讶地发现,他们的神情里分明透着几分鄙夷。

他们离去了,一切归于平静。只有母亲一个劲儿地唠叨:这年头儿怎么还有要饭的,年纪轻轻的干点啥挣不来钱,偏偏干这个,要说干这个最省事不用受累受苦。而父亲呢,只是撇撇嘴,什么也没有说。

在这个没有凉凉秋风吹来的早晨。我试图用我成长起来的思维收集那些虚空的秋叶。然而,我所看到的只是两个黑色的皮包和两对惊慌失措的目光在我的脑海里徜徉。

为什么在我金黄色童年的感性认识里,年幼的心那时候会滋生一种异样的心情?也许与那个秋天飒飒而凉爽的风儿有关吧!

真的,想起两个黑色的皮包,我忽然想到了罪恶,想到了金钱,想到了两种不同的乞丐。

二、乡村的疯男人

疯男人是在十岁的时候才开始疯的,疯的原因很简单。那天,是清明节,他的母亲要去给他的外祖母上坟,他的父亲也要去给他的外祖母上坟。父亲说我的姑姑就是你外祖母,他聪明地明白了父亲的姑姑是母亲的母亲。父亲母亲走后,他苦苦思索着,越想越迷惑,越想就越有意思。突然,他觉得大脑里的一根类似琴弦之类的东西被他绷断了,他开始恍惚起来。从此,在他视线所及的世界里,全是一些迷惑的东西。

他的父亲母亲找了很多医生,但一切都是徒劳的,最终他们失望地放弃了治疗,从此,小村里有了一个已经成年的疯男人。从此,这个乡村的疯男人开始用不同凡响的眼光忠实地感受和记录着小村的世界。他头发蓬乱,目光里发着散乱的光芒,成天穿着黑色的棉布衣四处游荡。

这是一个没有风的上午,疯男人优哉游哉地走在一条弯曲的小路上。他看到小路边有一棵大树,树下拴着一只绵羊。他还看到草丛里有一只蟋蟀,也穿着和他同样的黑衣服,他哈哈大笑,嘴里喃喃自语:你也穿黑衣服,一定是我的哥哥。哥哥。疯男人忽然觉得自己很聪明。可能那只绵羊并不知道他是一个疯男人,所以继续啃着青草而没有理会他。疯男人哈哈大笑的声音把羊的吃草打扰了,羊把目光转向疯男人。软软的阳光照在路边的老槐树上,老槐树投掷下一道阴影。疯男人看到了树的影子,他把注意力从蟋蟀转向了树影,他快速跑过去,影子竟然一动不动。他伸出双手抓影子,费了很大的力气,仍然抓不到,他就用脚去踩。无论疯男人如何,那影子只是不动。天际的一块黑云遮挡了太阳的光芒,树影忽然不见了,疯男人奇怪而又疯狂地寻找逝去的影子。这时候,天边的黑云很快变成了雨水,疯男人站在雨里哈哈大笑,他不知道如何躲避这突如其来的大雨,他在乎的是影子。此时一位农人从地里赶回来,吃力地拉着一大车青草,疯男人立刻被它吸引了。那只雨中可怜的绵羊正满怀希望地瞧着疯男人,不过疯男人已经忘记了绵羊的存在,他疯狂地跑过去,用力地帮农人推车。农人被一阵无形的力量感染了,他回过头,一眼便看见了吃力推车的疯男人。农人原本想和他说几句话,疯男人只是对着他哈哈大笑并使出吃奶的力气帮他推车,一直推到村口。疯男人想到了绵羊,他又疯疯癫癫地跑回去,在树底下,疯男人又看到了那只绵羊,他扬起头大笑不止。绵羊又成为疯男人的注意的目标,结果是疯男人把绵羊也送到了村口。

这是一个没有风的上午,疯男人缓慢地走在一条笔直的小路上。小路旁边紧邻一片坟地,坟地里的野花散发出了迷人的芳香。一个眼神散漫的疯子,缓慢的脚步说明他正在若有所思。疯男人觉得那些坟地很好玩很不同寻常很有氛围,疯男人觉得坟头就是馒头,总之他觉得坟地里的一切都很美很美。他好奇地来到一座坟前,他将耳朵贴到坟土上面,仔细地谛听,他天才似地听到坟里有一种不同于凡间的声音,他懂了,原来里面是一个神秘的世界呀,疯男人终于四肢伸展地躺在了一座坟上面,远远看去,姿势优美而恰当。

这是一个没有风的夜晚,疯男人站在灶旁,一块燃烧的普通木炭理所当然地吸引了疯男人的目光,这火焰让他好奇,因为他在火焰中逼真地透视出了坟的模样。一个疯子从现在起终于对一块木炭有了记忆和回忆。疯男人的母亲显然没有意识到疯孩子会有这样的举动,她也不会想到一个疯子无意识的举动最终会和大火联系在一起。母亲把一个煮熟的玉米递给疯儿子,他小心地用他那黑衣服包好,同时,一只火柴盒也攥在了他的手里。

疯男人拿着玉米来到一个柴垛旁,这里全是干燥的玉米秆。他在玉米秆旁吃完玉米,从口袋里掏出了火柴盒,用火柴头在上面使劲地划,划了几根没点着,他想放弃,因为他的耐心是有限的。没想到一根火柴竟然被点燃了,疯男人的眼里迸发出兴奋的光芒。他哈哈大笑着把火柴丢进玉米秆,玉米秆一下子燃烧起来。疯男人用贪婪的目光看着燃烧的火苗,感受到了迷人的热浪。

风突然刮起来了,玉米秆在最大限度地燃烧,疯男人看到的是一片红色的海洋,他心驰神往地跳了进去,在里面疯狂地跳跃着和欢呼着,他的眼前是一片辉煌。

疯男人去了天堂,他在天堂里大声地喊着母亲的母亲是父亲的姑姑。

三、乡村的女孩

你从脱离母亲身体的那一刻,就享受到了所有的村里人给你封的很好听的雅号——"千金"。其实,你不是什么小姐,你只是乡村里一户普通人家的丫头,只是乡村里一群普通女孩中的一个。

你好像天生就懂得如何讨父亲母亲祖父祖母的欢心,在你还不解世事的时候,你就会帮小脚的祖母系鞋子上的带子,还会帮祖父拿长长的烟袋帮母亲洗碗,每当这时候,他们就满脸堆笑,夸你比大你一岁的哥哥懂事得多。这时候,你就觉得自己是快乐的。当你长到五六岁的时候,调皮的哥哥除了欺负你之外,整日里不是打鸟就是去池塘捉鱼,弄得衣服脏兮兮的,母亲的叹气让幼年的你心疼,你便除了帮祖母系鞋带帮祖父拿长长的烟袋,还要催哥哥把脏衣服脱下并用一双小手帮着母亲洗衣服。你有时也觉得委屈,便会去向祖父祖母告哥哥的状。祖父祖母忙把你搂在怀里,心肝宝贝儿地哄一顿,说你是多么的懂事如何的乖巧,还给你拿出姑妈给他们买来的点心让你吃,祖父祖母说等哥哥从外面玩耍归来了一定狠狠地批评他一顿。你便已经满足了,早已将那些委屈和不快忘得一干二净。

你上学了,学校在邻村,距家一里地。上学的途中要经过一条弯弯的小河,这条小河环绕着周围的村庄。小桥很窄,父亲母亲祖父祖母争着要送你,每一次你都坚决地摇摇头。你同所有的女孩一样都小心翼翼地跨过小河上颤颤巍巍的独木桥,坐在了并不宽敞明亮的教室里,听穿着碎花格子衣服的女教师讲课。你冰雪聪明,学习成绩很好。你考上了初中,你的哥哥也快初中毕业了。你们要上乡里去上学了。新一学期开学的时候你和哥哥同时要学费,你要钱,哥哥也要钱,靠犁田耙地为生的你的祖父你的父亲,他们为此着急上火,心急如焚,为你和哥哥的学费而发愁。经过一夜的商量,你的父亲说妞妞这学咱不上了一个女孩子认得两个字就行,还是让你哥哥上吧。这个决定虽然让你伤心欲绝如五雷轰顶,但你并不后悔自己小时候给祖父拿长长的烟袋给祖母系鞋带帮母亲洗碗洗脏衣服。你哭了,这时候母亲已经默默地给你做好了荷包蛋,你不吃,祖父祖母都劝你,说去村外不安全,女孩子认几个字就行,祖母还说我一个字也不认识,过得不也挺好的。最后你才慢慢习惯了辍学的现实。

这时的你,同村里所有的女孩一样,不但帮父亲干地里的活,还帮母亲做永远也做不完的家务活,你似乎已经知道了他们让你辍学时让你受的委屈,你的世界里只有父亲母亲祖父祖母还有哥哥只是没有你。你每天清晨,踏着湿湿的露珠,站在田野里忙碌,凉凉的风掀起你朴素的衣服,你面对的是一片绿油油的青菜。你的身影在小小的天空下显得那么飘缈。而你的心中却充满了对一个乡村的无比眷恋,包括乡村的每一所房子和每一棵柳树。你觉得自己永远是属于这个村庄的,是属于父母的,也是属于兄长的。于是,你的灵魂被锁在了袅袅的炊烟里。你的哥哥念到了高中毕业并没有考上大学,但他已经习惯了学校里那悠闲而又不学习的日子,他不愿意陪父亲耕地也不愿意跟父亲耙地,整日里和外边那些"小混混"混在一起。你的父母气破了肚皮也管不了,你劝他时他总是一瞪眼说你少管,此时,你觉出了一点好,你觉得让你在乎的人居然让你有了一点失望。

在你和父亲母亲辛勤劳碌的间隙里,你的汗水模糊了你的双眼。你没有注意到:地头上不远处的一棵高高的白杨树上的那只鸟雀已经飞离了那棵白杨树。

地里的活忙完了,你和村里的女孩便开始做编织,你们编织的东西大多是为父母和兄长服务的。你和伙伴们坐在闺房里,一边编织,一边谈论着各种各样的新鲜事。

一个媒人走进了你的家门。

在祖父祖母千心肝万宝贝的呼唤中,在父亲母亲感伤的泪滴中,你出嫁了,你对父母给你买的几件嫁妆很满足。当你穿上红嫁衣的时候,你的脑海里分明呈现出了下列场景:编织的银针在你手里飞舞,你的哥哥神色坦然地穿着你为他编织的毛衣。

四、乡村的男人

可以说,男人的躯体构造了小村。不过,他先构造了一个个的房子,斑驳的高墙直立的柱子都已经具有了男人的特征。男人曾经只是小村的一个男孩,他曾经用稚嫩的小手在成熟的麦地里,用力地拔起麦子,脸上呈现出深红色。就这样,他从一个拔麦子的孩子长成了少年最后长成了男人。

如今,他正为做一个新郎而准备。在人们热烈的祝福中,他拥有了自己的女人,就像天空飞翔的小鸟有了高高白杨树上的巢。又像南归的燕子在故人的房梁上做了窝。小村的男人知道他以后要像他的祖父他的父亲一样担当一种不可推卸的责任。新郎的压力和幸福还没有蜕尽,在一片轰轰烈烈的笑声中,他又已经成了父亲。阳光照临小村的清早,他从妻子怀里接过了孩子。小村的男人就像那只在屋檐上的燕子一样找到了自己最好的生存方式。他学会了锄地、收割和耕种。吃过早饭,男人又把孩子还给妻子,然后扛起了锄头。如今他以一个小村父亲的身份站在了田间地头。在阳光和小村田野的交接处,正午的阳光把男人的身影映在土地上,土地散发着气息,正午的阳光有些灼热,男人的后背被灼烫得有些疼,男人的额头上渗出了细密的汗珠。男人手里的锄头在阳光下闪着钻石般的光泽,光亮让男人花费了不少力气。一把闪亮的锄头说明了一个男人的辛劳。现在,闪着钻石般光泽的锄头在阳光下有节奏地闪烁着。男人望着一畦一畦的大豆,疲惫呈现在男人黝黑的脸上。他眯起眼睛看了看太阳,抬起手掌,试图挡住灼人的光线。男人的影子在他的汗珠里晃动,他从脖子上拉下散发着汗味的手巾,胡乱地擦擦脸。男人也想歇歇,他看到了在灼热的阳光下有一片树的阴凉。在豆地不远处有一棵老柳树,老柳树把自己的树荫放置在蒸腾着热气的土壤上,树荫笼罩的地方是未曾开垦的土地,地面上长着一些小草。男人的身影已经深入树荫,他躺在了绿油油的土地上,嘴里的烟燃烧着,青色的烟雾散发在斑驳的阳光中。烟雾中,他看到了田里的大豆绿油油的,绿油油的大豆让他欣慰无比。这是犁地以后的小憩,一个男人和一头牛组成了一幅小村的画面,男人不敢耽搁太久,只抽了一袋烟就又开始锄。

小村正式进入了繁忙的季节,男人用身体承载着一台收割机,豆子地里的收割机被白花花的日光无情地临照着,呈现出耀眼夺目的光芒。

小村的男人已经学会使用一张犁,同时还学会了驾驭一头牛。此时,在他的肩膀上是一张犁,男人分明感到了犁的分量。小村男人的眼前,是一片收割后的豆地,白花花的阳光照临了豆地,照在了它们被收割后的留下的伤口上。犁已经摆放在豆地里,牛已经做好了姿势。一声吆喝,耕地开始,男人甩开了鞭子。男人的身后是一片肥沃的土地,新鲜的泥土发出清香的气息。广阔的土地之上,只能显露出牛和男人模糊的背影。牛听见了犁进入土层的声音,被新翻的泥土味儿涌入了男人的鼻腔。男人的一生就这样在乡村里走过,永远重复着已经走过的痕迹,从家园到田园,再从田园到家园,他不知疲倦地走着。

男人的存在不但是为养家糊口。你看他正在登上木梯,木梯搭在了墙头,墙头已经具有了高度。他的爬行是艰难的,他的身体呈现出雄伟的立体。这样一堵墙就和小村的男人联系在一起。男人掀起了盖房用的土坯,立起了柱子,架起了房梁,就这样一座房子建成了。那是男人的骄傲,因此小村的存在就和他们紧密地联系在一起。

一个男人的身体不仅仅是一堵墙的承建者,他还是孩子的承担者。在小村的一个傍晚,耍猴的来到小村,于是,男人的躯体就是孩子的支撑点,孩子骑在他的肩膀上,这种支撑让孩子看见了一幅稀奇的画面。耍猴的结束了表演,也结束了男人的辛苦。四季的轮换交替顷刻成为男人的一种传宗接代的方式。在时光的流失中,男人和女人一样老去。

犁已经生锈,牛的步伐也变得缓慢。一个男人,他可以用身体修建一个个房屋,而房屋上的闪亮瓦片也经过岁月的剥离,变得残破不堪。乡村的男人也同样在被岁月剥离。

土桥起义

赵甫华

1930年10月2日,天蒙蒙亮,三颗红色信号弹直冲天际,随即响起了一片密集的枪声,惊天动地,在巴岳山回荡。铜梁县两个大队200多人,大足县一个大队100多人,三个大队响起了嘹亮的冲锋号,打着"中国工农红军四川省第七路游击队"的红旗,在一片喊杀声中冲入两头场口,很快占领了铜梁县土桥乡大街,包围了乡公所。

土桥乡团总夏作舟头天下午接到县上密令,准备10月6日中秋节设空城计包围消灭红军起义暴动队伍,还没来得及准备。他听到枪声和喊杀声吓得魂飞魄散,从床上爬起来披上衣服,提着手枪出门叫道:"红军暴动提前了,快跟老子开枪抵抗!"他慌忙跑到办公室抓起电话要向县上报告,咕咕地摇了几手,完全打不通,急得冷汗直冒地说:"电话线被割断了,不通!"20多个乡丁惊慌地从床上爬起来,提着枪堵在大门口向两头街上的红军起义队伍射击。可子弹像雨点般射向乡公所大门,鸟枪、步枪、机枪、手榴弹声响成一片,硝烟滚滚,打得十分激烈。

1930年8月上旬的一天,中共四川省行动委员会(省委)在重庆开会,传达中央政治局决定,执行李立三提出的以武汉为中心的全国总暴动计划。会议决定全川组织17支游击队伍,会师重庆,配合全国暴动。将党团组织合并,成立各级行动委员会领导武装起义。8月下旬的一天,铜梁县行委(县委)在县养正校召开扩大会议。铜梁县和大足县30名骨干党员参加会议,大足县特支派赵理君和周司和出席会议。会议由铜梁县行委濮文昶主持。合川县、武胜县、潼南县、大足县、铜梁县、璧山县6县负责人赖鸣柯传达四川省行委(省委)决定,在铜梁县土桥乡举行农民武装起义暴动。起义部队番号是"中国工农红军四川省第七路游击队"。会议作出三条决定:(1)成立土桥乡农民起义暴动指挥部,地址设在巴岳山手爬岩潘延兴纸厂。万平任司令员,濮文昶任政委。(2)暴动时间:1930年10月6日(中秋节)。(3)暴动目的:攻打土桥乡公所,夺取乡丁和地主豪绅的枪支,建立巴岳山游击根据地,扩大红军队伍。

散会后,各级党组织立即发动群众,组织武装起义暴动力量。

赵理君和周司和回到大足县,向县行委(县委)汇报了情况,县行委决定赵理君和周司和到与土桥乡接界的雍溪乡和万古乡发动农民做好起义准备。

黄埔学校毕业的赵理君对土桥乡起义有足够的认识,充满了胜利的信心。大足县城与铜梁县城公路直达53公里,万古乡、雍溪乡、土桥乡都在公路线上。土桥乡和雍溪乡、万古乡就在巴岳山下,进退有路。万一失败,可撤到巴岳山上打游击,建立革命根据地。巴岳山脉横跨铜梁、大足、永川三个县,地势险要,崇山峻岭,森林茫茫,国民党就算派几个军来也剿不了。赵理君经常到万古乡、雍溪乡赶场宣传革命道理。人熟地熟,有群众基础,是发动起义暴动的优势。于是,赵理君和周司和首先到与土桥乡接壤的雍溪乡界牌、乐安、吉安和石堡、茶园、玉峡几个村发动农民起义暴动,又到与雍溪乡连界的万古乡几个村发动农民。农民们热情很高,准备了大刀、长矛、鸟枪、步枪,只等下命令,立即出动。

起义暴动政委濮文昶到土桥乡几个村检查起义准备工作,司令员万平到雍溪乡、万古乡检查起义准备工作。赵理君信心百倍地说:"没问题,只要司令下命令,招之能来,来之能战,战之能胜。"万平问:"两个乡能出动多少人?"赵理君说:"二三百人没问题。"万平有些不放心地说:"要编好分队(连)、小队(排)、小组(班),要加强组织纪律教育和军事训练,一定要听指挥作战才能保证胜利。"

10月1日下午,濮文昶赶到巴岳山手爬岩潘延兴纸厂起义指挥部着急地说:"万平司令,事情不好了,我刚才在县上得到可靠情报,起义暴动泄密了。"

"出了叛徒吗?"万平司令员大吃一惊地问。

"估计不是。"濮文昶着急地说:"因在两个县几个乡发动农民准备起义暴动,面太宽了,走漏了消息。如果不暴动,要衰落士气。只有提前起义,才能振奋人心,对革命有利呀!"

"只有如此了。提前行动,给敌人一个措手不及的打击。"万平果断地说:"明天早上天亮发起进攻,速战速决,拿下土桥乡公所。我马上派人去通知大足县赵理君,今天晚上集中人赶到土桥乡埋伏,你去通知土桥乡附近几个村的农民今天晚上行动。命令县山防大队第八中队驻斑竹乡的第二分队长黄明渊,今天晚上率部队赶到指挥部。"

大队长赵理君在雍溪乡村上搞军事训练,天黑吃了晚饭才接到指挥部万平司令员提前起义暴动的通知。他当即同副大队长周司和密商。因情况紧迫,到万古乡有9公里路,来不及通知一分队了。于是他叫王德民和欧绍云等人通知雍溪乡几个村二分队的人持枪,立即赶到街上场口集中出发。

天亮战斗打响,土桥乡20多个乡丁抵抗不住300多人的起义军进攻,团总夏作舟命令退入乡公所关闭大门。起义队伍像潮水般地冲到乡公所,打烂大门,冲入乡公所射击。当场打死顽抗的团总夏作舟,一个个乡丁吓得举手投降。

濮文昶和万平指挥起义武装人员在大街上张贴布告,散发传单。因发动充分,几千农民拥向大街,欢呼起义胜利了。起义队伍的人在大街上讲演,呼唤农民弟兄起来斗争,打倒土豪劣绅,分田分地,翻身得解放。起义军把从乡公所税务、当铺、钱庄查抄出的财物当众分给贫苦农民。

中午,土桥乡大街上挤满了人,正是庆祝起义胜利的闹热时候,铜梁县驻军和县保安团出动打来,因力量悬殊,濮文昶和万平司令员下令起义队伍撤往巴岳山玉龙乡,当即攻下玉龙乡,驻进乡公所。天黑时,起义部队在龙神口三方受敌,情况十分危急,万平司令员却一点也不慌张,按部署命令三个大队300多人分散隐蔽撤退,建立巴岳山革命根据地打游击。

伍伯的篾匠活

胡祖义

邻居伍伯

伍伯住我家隔壁,伍妈跟我妈同姓,我们便喊她姨妈,平时两家有什么困难,都互相帮衬。说是互相帮衬,实际上,伍伯家帮我们多些。我父亲一介书生,半路出家当农民,许多农活做起来不顺手,尤其像刨一根锄头把呀,织个四角菜篮什么的,都是伍伯帮的忙。到我们这一代,我又是个半拉子书生,身体弱,做起农活来,哪里比得上伍伯家长得五大三粗的几个儿子。

伍伯手艺多,尤其是篾匠活,顶呱呱的。您不知道,伍伯的篾匠活,给我们的生活带来多少便利!

伍伯的篾刀

伍伯不是真正的篾匠,是不是跟真正的篾匠学过几天徒呢? 我一直没问,但是我知道,篾匠的家什,他家样样有。

先说伍伯家的篾刀。伍伯家有几把篾刀,每把篾刀都磨得闪闪发亮。他们家的篾刀,据说是请湖南大桥铺子蒋铁匠打的。蒋铁匠会打镰刀,给伍伯打的篾刀都是一流货色,被虎口握着的地方稍稍凹下去,便于破篾时用力。伍伯家的篾刀,刀口那里钢火很强,在磨刀石上一磨,发出熠熠的光,他的篾刀刀刃,磨得纸一样薄,放一根头发到刀刃上,笃定吹得断。伍伯的篾刀,刀背那里很厚实,后来我知道,刀口厚,是为了破大竹片。

伍伯破篾,能准确找到竹子的纹理,一根很长的竹子,伍伯从竹梢开始,破到竹蔸,先是把竹子一分为二,两半一般厚,再剖一次时,依然两片篾一样宽,所以他破的篾利用率很高,乡亲们之所以不请正规篾匠而请伍伯做篾活,一定跟伍伯破出来的竹篾利用率高有关。

伍伯破大竹片时,我见识了篾刀刀背的作用,那些直径一寸多的竹子,一般篾匠破一两尺,进刀就吃力了,可是伍伯的篾刀刀背厚,他在前边霍霍地进刀,宽厚的刀背把破开的竹子往两边分,发出耆耆的响声。如果把篾刀做一个截面图,伍伯的篾刀是一个拉长的等腰三角形,刀口那里薄,总在霍霍地进刀,刀背那里厚,总在把竹片往两边分,我不禁赞叹起古人那句话:"工欲善其事,必先利其器"。原来,伍伯有一把好篾刀。

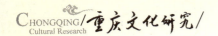
伍伯的小刮刀

伍伯有两把小刮刀,形状像不好好写字的学生写出来的字母"B","B"第一个半圆写得小而瘦,第二个半圆,写得饱满,带下去的那一笔还拉得老长。不过被拉长的那一笔,跟伍伯那两把刮刀的刀尖极其相似。伍伯要把篾剖得一般宽,就将两把刮刀插到板凳上,两把刮刀刀刃之间,根据篾的宽度留个缝。伍伯把破好的毛篾放到刮刀缝隙间,左手握着厚竹片,压住毛坯篾,右手在刮刀后边拉动篾条,这样划拉出来的篾片,宽窄厚薄一致,织出来的篾器很匀称,很精致。

我把伍伯织的四角菜篮跟父亲自己织的相比较,一比就见出优劣了。父亲织的四角菜篮耐用是耐用,可是歪歪瘪瘪的,有些篾片翘起很高,很不好看,还一不小心就戳手。伍伯编的菜篮呢,有形有款,网眼分布均匀,篾片厚薄一致,用手一摸,有一种平滑感。再者,伍伯剖的篾片厚薄均匀,竹篮的边绞得圆润、平整,父亲编的竹篮,那边沿像起伏的山峦,摸上去很扎手。

伍伯的篾起子

伍伯有一把小起子,样子像家庭妇女挖菜的小铲,小铲把手那头窄,铲刃那头宽;伍伯的起子把手那头宽,刃部窄,像平口的起子,比平口的起子还薄。伍伯用它翘起编好的篾片,以便把篾头穿进织好的篾里去。这是一件细致活,要把起子扎进篾片,还要让扎进去的篾片看不到翘起来的头,所以,伍伯起子的刃部必须既窄且薄。

伍伯剖的篾片很匀称,他能根据篾器的不同用途,用不同层次的篾片去编织。

我经常看伍伯织四角菜篮。伍伯先拿四片厚实的篾,在平地上织出个"井"字,"井"字的井口很小,四片篾互相压着,又互相被压。织好"井"字后,伍伯在"井"字周围不断加围栏,几十个"井"字环绕在第一个"井"字周围,每个"井"字一般大,每片篾都被别的篾片压着,又都压着别的篾片。伍伯根据预先设计好的菜篮大小,织到一定宽度,就开始把篾片呈直角地往上收。伍伯织的菜篮,网眼是斜着的,他在网眼底下交叉着别两根厚竹片,编好的网眼便有了支撑力。

伍伯把收起来的篾片交叉着编成四堵"墙",等四堵"墙"编到五六寸高,便开始收尾绞边。伍伯绞的边很整齐,一片片篾交织在一起,像一条大辫子,闪耀着绿色的光芒。

别看伍伯的手指头那么粗糙,他编起篾器来才灵活呢,一根根篾片在他手指头下很有灵性,伍伯想怎么编,篾片就怎么走,让我想起孙犁在《荷花淀》里描写的水生嫂编苇席,月光下,水生嫂坐在院子里编苇席,苇席在她怀里跳跃,像是满怀着喜悦。伍伯编篾器时,篾片在伍伯手里跳跃,像一群绿色的精灵,你只要凝神谛听,就能听到它们欢快的笑声。

说话间,伍伯的四角菜篮已经初具规模。伍伯拿着那把小起子,翘起一根根篾片,把弯过来的篾头插进篾片下。之后,他选几根刮得光溜溜的宽篾片,给菜篮安提梁。提梁的篾片穿过菜篮的"井"字,再兜到菜篮底部。宽篾片穿插三四圈,菜篮的提梁就安好了,它悬在菜篮上,像一道绿色的虹,提梁的弧度也跟彩虹相似。

伍伯的剖篾功夫

伍伯很值得说道的功夫是剖篾。

别人剖篾,一根竹片只能剖两层,伍伯能剖三四层,竹子被丢掉的部分很少。当然,他剖的篾,表面第一层要拿来编最重要的篾器,那层篾最结实,最有韧性,可以拿来绞篾绳,绞出来的篾绳用来给水桶和饭甑打箍。用第一层细篾打的饭甑箍,紧紧巴在饭甑上,围住一片片杉木,无论蒸饭还是收起来挂到墙上,那道篾箍都把饭甑的木片箍得紧紧的。第四层篾则拿来编些无关紧要的竹器,或者是一年用不了几回的东西,比如卷簟和晒簟,就是拿第三层、第四层篾编成的。卷簟和晒簟,只有冬天晒豆皮子才派上用场,平时是要束之高阁的。

真正的篾匠,因为讲究篾器活的质量,能用好篾的绝不用差篾,那么,用等量竹子剖出的篾,伍伯编成的竹器要多得多,这就是我们为什么宁愿请伍伯编竹器,也很少去请真正篾匠的缘故。

伍伯的编织艺术

你瞧,伍伯又在编竹器了。大冷的冬天,伍伯穿一件很厚的棉袍,一条肥厚的棉裤,脚下是一双黑灯芯绒棉鞋。伍伯头上戴一顶狗皮帽,因为忙,那顶狗皮帽歪斜地扣在头上,左边的帽耳耷拉着,右边的帽耳高高撅起,一低头,一抬头,伍伯的帽耳便忽闪忽闪地跳跃。

伍伯坐在我家堂屋里,左前方斜放一条板凳,板凳上搁着篾刀、起子,两只小刮刀插在板凳一头,像武林高手插上去的飞刀,两把"飞刀"倾斜成八字形,直立在板凳上。伍伯腰里系一条围裙,围裙用老蓝布旧外套做成,很耐用。

伍伯要织筲箕了,织筲箕的篾很讲究,他得把篾片的棱角划掉。伍伯织出来的筲箕是用来洗菜和淘米的,家庭主妇的手经常在筲箕里划过来,划过去,要是棱角尖锐,岂不划了家庭主妇的手?伍伯便把剖好的篾片拿到刮篾刀中间去刮。

伍伯从地下拿起一片篾,手一扬,篾片在空中划出一道优美的弧线,然后跳跃着落到两把刮刀之间。伍伯左手拿一块竹板压住篾片,右手把篾片往后拖,刮刀前边顿时卷起一圈圈细篾丝,伍伯身边也堆起一堆刮过的篾片。

伍伯织的筲箕具有优美的弧线,你要是从上面俯视,筲箕的形状是一个椭圆,但不是一个规则的椭圆,筲箕尾部渐渐收窄,便于家庭主妇淘米沥饭用,装米和饭则靠那个凸起来的大肚子,要把米和饭倒出来,收窄的尾部便成了漏斗的出口。

伍伯给筲箕锁的边都鼓起来了,他在织好的筲箕边沿夹两片厚竹片,还在边沿上方加三片厚篾,再用第一层细篾一圈一圈地锁边。伍伯把筲箕边沿上方的三片篾交叉着用细篾压着,扎紧,这就又用得上起子了,他在织得很紧的筲箕边沿撬出一个个小洞,让细篾穿过去,那空隙渐渐收拢,筲箕边沿顺溜而光滑,像一件精美的艺术品。

伍伯还织鳝鱼毫子(鳝鱼篓子),那是一种诱捕鳝鱼的渔具,用粗糙的篾片编成。伍伯先把粗篾片一头削尖,织成一个紧口,再让紧口的竹器转个三百六十度大弯,之后继续往下织,织成一个放大的胡萝卜形状,那些弯进胡萝卜肚里去的尖竹片像胡萝卜的茎和叶。在胡萝卜长须根的地方,伍伯把鳝鱼毫子渐渐收拢,到尽头,篾片比较软,能用麻绳扎紧。等鳝鱼钻进去之后,人们提起鳝鱼毫子,解开麻绳,就能把鳝鱼倒出来。而先前往肚里织的尖篾片,成了鳝鱼毫子的倒挂须,几十根倒挂须蓬在一起,有弹性,鳝鱼只能钻进去,却出不来。这就是伍伯巧手所体现出来的人类智慧。

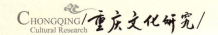

失传的篾匠活

伍伯不仅自己一身篾匠好手艺,还影响到他的儿子,大儿子远兴也能织出像样的篾器,不过只织了自家用,他家老三跟我年纪相仿,擅长织斗笠。

伍伯还把篾匠活传给了老四和老五,不过,他们的篾匠活都没有伍伯的精。后来,我们老家山上都种上柑橘,山上没了竹子,伍伯的篾匠手艺再也没有用武之地。

现在,人们不再习惯用竹器,洗菜有塑料篮子,淘米有铝盆,筲箕有不锈钢的,伍伯的篾匠活从此失传,岂不是件憾事!

凤之哀鸣
——现代川剧《鸣凤》观后

孔庆印

　　7月23日晚,由重庆市三峡川剧团排演的现代川剧《鸣凤》作为"2017年全国基层院团戏曲会演"的参演剧目,亮相全国地方戏演出中心。该剧由著名导演查明哲先生担当总导演,编剧为已故知名剧作家隆学义先生。当晚演出效果极佳,观众反响强烈,久久不愿离场。

　　笔者认为现代川剧《鸣凤》从编剧、导演、音乐、演员、舞美等诸多方面,均可称为近年戏曲舞台上的佳作。而在此,只想从令我感触最为深刻的编与导两方面,谈谈观戏之体会。

　　《鸣凤》的演出宣传册上清楚地写着"根据巴金小说《家》有关章节创作"。我向来认为名著改编剧并不是一条很好的剧目创作途径。原因何在? 改得好了,说是原著基础好,没你多大功劳;改得差了,又说原著那么好,让你改成什么样子;改得多了,说你违背了原著的精神;改得少了,又说到处是原著的影子……总之,通过改编名著进行剧目创作不大容易精妙地讨巧,相反,其结果很可能是费力而不讨好。那么,怎样做才算是在原著原有的良好基础上成功地改编呢? 我认为那就是要透过原著表层的展示,深刻地挖掘其内在的、更为深邃的用意,从而另辟蹊径,重新诠释原著。现代川剧《鸣凤》的改编与呈现就做到了这一点。

　　坐定观戏,从引子到第一场,再从第一场到第二场的前半段,我看到了两个当时的新新人类在谈情说爱、在卿卿我我、在憧憬未来、在愤世嫉俗……正当我认为剧情的发展会向着我早已知晓的那个有始无终的爱情悲剧而去,并顺理成章地为之扼腕叹息之时,不经意间发现了一个细节,其实就是觉慧的一句普通念白——"你现在是我的未婚妻了"。这句念白乍一听确实没什么特殊之处,觉慧在说出它的时候也是那样的平淡、那样的自然、那样的合理、那样的不易被察觉。但是,假设将这句念白改为:"你现在愿做我的未婚妻吗?",其中的意义和所要传达给我们的信息及情感是否会截然不同呢? 我想答案是肯定的。觉慧于不经意间选择了告知性的,甚至是略带命令性的口吻,而不是商量性的口吻,其实正是那一刻的他,内心真实流露。这表明觉慧并不尊重鸣凤。面对鸣凤,他也不是在示爱,其表现更像是在宣示主权。而此举对于鸣凤,只不过是对未来将会出现的所属权的更迭,预先告知了一种可能的去向而已。

　　也许这个细节是我一时间的错念,并非编、导的有意为之。接下来还会有其他的线索吗? 带着这个疑问,我定下心来静待剧情的发展。结果在第四场,真的又有了新的发现。鸣凤经过万般纠结最后进入觉慧的屋内,面露焦急却又被迫话止嘴边。觉慧给出的理由是要为广大受压迫的妇女争取权益赶写一篇文章,没空闲。而须臾之后,当绝望的鸣凤跪在觉慧的椅边奉上双唇时,觉慧却欣然接受,并及时回应以远超过倾听一句话所能占用的时间的长吻。觉慧面对上述两种情形所采取的态度和反应,证明他并不真正关心鸣凤。再后来,当从王妈的口中得知鸣凤大哭而去,似有不祥之征时,我们的觉慧少爷第一反应并不是合乎热恋之人常理的脱口一句:"她往哪边去了?",随即不顾一切,疯一般地狂奔而寻,而是走到舞台中央,秀了一套完整的、极富"喜感"的"组合拳"——先摆了个造型,再用力地折断手中的笔,然后慷慨地废话了一句:"我大意了",最后才想起来去追鸣凤。他对于自己"心爱"的鸣凤的紧张,还真是后知后觉。

不经意的举动往往是内心真实想法的体现。通过上述剧中细节的处理和呈现,我们看到了觉慧对于鸣凤的不尊重、不关心、后知后觉的紧张。正所谓:"窥一斑而知全豹",我认为这些感觉绝非偶然出现,而是编、导有意为之。鉴于斯,让我不得不重新审视之前我对于《家》中的觉慧,以及觉慧与鸣凤之间关系的固有印象。而我的结论便是,觉慧并不爱鸣凤。觉慧对于鸣凤的感情,只能算是喜欢,绝对上升不到爱的层次和高度。也许觉慧自认为他是爱鸣凤的,但他的所行种种,已经强而有力地回击了自己,毋须旁人多言。他并没有真正地明辨爱与喜欢的本质区别。

反之,鸣凤爱觉慧吗?我认为答案是肯定的。但是,鸣凤对于觉慧的爱是肤浅的、懵懂的,她的爱是基于依恋、依靠,甚至是依附、依从。鸣凤对于觉慧的爱最集中的体现便是鸣凤之死。而对于鸣凤之死,通过观剧,我又产生了一些新的认识。

鸣凤的命运悲剧是必然的,是当时的社会制度造成的;而鸣凤之死却是偶然的,是一个并不真爱她的男人假以推手促成的。鸣凤死得可惜吗?可惜!毕竟一个十六七岁,情窦初开的少女,在如鲜花般的季节里便香消玉殒,着实令人痛心和惋惜;鸣凤死得可悲吗?不可悲!正如剧中鸣凤自己所说,她要为自己心中仅存的一线光明去死。而这线光明便是她要为觉慧保住自己的清白之身,是她对觉慧懵懂的爱,以及她认为自己已经拥有的觉慧对她的爱。带着这线光明赴死的鸣凤是富有的、是幸福的,死之于鸣凤,恐怕是当时最简单同时又是最完美的选择。这种选择最起码好过她之前希望的最终能与觉慧结合的结果。试问,面对一个并不真爱自己的人,他的花言巧语、山盟海誓又有多少是值得期盼并能最终付诸兑现的呢?与其面对日后极有可能出现的始乱终弃或其他变故而带来的后悔不及甚至悲痛欲绝,莫不如今天就来个彻底的了断;鸣凤死得糊涂吗?她自己认为不糊涂,因为之于她,心中的光明是清晰的、毋庸置疑的。我认为糊涂,因为之于我,她心中所谓的光明却夹杂着一抹挥之不去的昏暗。鸣凤与觉慧之间没有结局以及鸣凤之死并不是悲剧,倘若鸣凤在那时没有选择怀揣一线光明去坦然赴死,也许就真的是埋下悲剧的种子了。

现代川剧《鸣凤》在提醒我们重新审视《家》中的爱情观,那种不可能摆脱社会现实的爱情观。封建制度及封建礼教对于人的精神世界的束缚及其表现,绝不仅仅局限于以老太爷为代表的封建势力与以觉慧为代表的所谓"新"青年之间的新、旧思想之间的斗争和碰撞。旧思想可憎而不可怕,一句:"我还有得活",加上一句引申的:"你们就没得活",话就撂在那儿、事就做到那儿,可谓表里如一、言行一致的"真坏人";"新"思想不可憎而可怕,爱与憧憬完全靠嘴的"语言大师"的慷慨陈词以及其在践行这些诺言时的实际表现,可谓表里不一、言行相悖的"假好人"。在我看来,所谓的"新"思想只是在作秀般的"标新",而非超脱般的"焕新"。正如剧中所示,一个连在自己身边并整天口口声声说爱他的女人都拯救不了的男人,却怀揣着解放全天下受苦受难妇女的雄心壮志,其骨感的现实与丰满的理想之间产生的强烈对比,只不过给人提供了一个茶余饭后的笑谈而已。觉慧的"新"不过是流于表面和走走形式,虽然求新的口号整日如影随形,但并不是学习过了就等于真的领悟了苏联先进思想的真谛,也不是读过了《复活》就确实理解了托尔斯泰的精神。在觉慧的内心深处,封建的、阶级的思想残余,还是占有较大比重的,他只不过是其父、其祖等先人们的一个弱化版再现。因此,就认识层面而言,托尔斯泰与"驼儿思太"之于觉慧,其实并无本质的区别。他也绝不可能背离深植于其内心深处的世界观与价值观去追求和实现与其背道而驰的爱情观。于是,他自认为深爱的鸣凤并不真的是他的爱人,实际上只是他的一件附属品而已。至于鸣凤,这个在"新"青年引领之下的"次新"

青年,在向我们展示她的懵懂的爱、她的依从、她的纠结之时,也通过这些情感极其自然的流露,让我们对她那深入骨髓的自我阶级定位,也就是她的奴性一览无余,同时也让我们了解了她构建爱情观的基础。

凤之哀鸣,鸣之予谁? 鸣凤纵身一跃,并非投入彻骨的湖水,而是宁静的天堂。在那里,她自由了,再也没有威逼,再也没有压迫,再也没有欺骗。最后,盼望鸣凤在那里能够找到属于自己的真爱。

孔二小姐半边街抱打不平

刘明康

抗战时期,在重庆说起孔二小姐,那真是无人不知,无人不晓。她大名孔令俊,绰号二先生,是国民政府"四大家族"之一、行政院长孔祥熙的二千金,"第一夫人"宋美龄的干女儿,国民政府主席兼陆海空军总司令蒋介石是她的干爹。

孔二小姐在雾都山城生活时,绝对算得上是一个"另类"人物。由于干爹干妈娇宠,她从小撒野成性,喜欢打拳弄棒,10岁出头,她就学会射击,13岁即会开车,除了干爹干妈,亲老汉都管不住她。她不着女装,留大背头,或西装革履,歪戴礼帽,或商贾打扮,手持折扇,口叼雪茄。用现在的话来说,是一个桀骜不驯、思想前卫的人。

孔令俊女生男相,几乎不把任何人放在眼中,无论对方是混混还是权贵。她随手击毙过警察,光天化日之下和云南军阀龙云的三公子因一点口角在重庆中央公园开枪对射,成为重庆轰动一时的新闻。然而,这位个性鲜明的女汉子,她也有抱打不平见义勇为的一面,据说她有一次在南泉半边街迷你咖啡屋,贴身一招分筋错骨擒拿手,就扭断了"洋行老板"的手腕,可谓邪乎。这究竟是咋回事?且听我给你慢慢叙说。

话说民国政府迁到重庆后,陪都重庆成了当时中国的抗战中心。当然,随着大批难民的涌入,各地帮派邪恶势力也乘机挤到重庆,日本黑龙会特务组织重庆情报站就是其中之一,重庆这一下子就热闹了起来。

孔二小姐喜欢跳交际舞,她的住所设在南泉虎啸口半山腰200米处,山上林木苍翠,住所周围拉有一圈铁丝网,院内一条大狼狗虎视眈眈,四周警卫戒备森严。她每周都要举行两次舞会,没有警报的时候舞会在孔园主楼舞厅举行,战时紧张的时候就在主楼右侧,一个洞门上写着"孔祥熙地下宫"的防空洞里举行,常常是。一名精明的老板从中发现了商机,他抓住机会在南泉公园对面半边街的地方,开了一家迷你咖啡屋,而迷你咖啡屋旁的路是去孔公馆舞厅的必经之路。巴渝百姓爱泡茶馆,茶馆麻将馆可以说遍街都是,喝咖啡在当时可是件新鲜事,刚一开张生意便十分红火,来来往往的顾客那真是络绎不绝,有很多重庆头面人物都来赶时髦。

孔二小姐自然也不例外,只是二小姐官邸在半山腰,上下进出都要乘坐滑杆。她坐滑竿有个习惯,就是抬轿上山,前面那位要弯腰微蹲,后面的轿夫则伸直腰板跟进;下山时则相反,前面那位则要挺直腰板,后面那位要弯腰微蹲着跟进。借此来保持滑竿的平稳,她说这样吱嘎吱嘎地摇起来舒服些。不过与那些达官贵族小姐不同的是,她出门不喜欢前呼后拥,而喜欢独来独往。当然,身边自然少不了卫队轻装简从娓娓跟随。

这天傍晚,迷你咖啡屋来了一位穿银灰色西装的少年,只看他头发梳得光光滑滑,一双马靴刷得贼亮,来人正是孔二小姐。西装配马靴,在南泉除了孔二小姐,恐怕没有第二个人想得出来。只见她挑了个显眼的座位坐下,嘴上叼支雪茄,一副目中无人的样子。常来这咖啡屋的客人大多认得她,而且知道她脾气古怪,性格乖张,所以都不去招惹她,她一个人就占了一张桌子。

而这天有个不速之客也来到这里,你看他头戴礼帽,架副金丝眼镜,夹个公文包,像个洋行老板,又像是鸡脚神戴眼镜——假充正神。他一进店里两眼就滴溜溜转,最后直勾勾地落在新来的女招待员身上。当班女招待是暑假前来这里打工的重大校花,人长得特别漂亮。她不知道来人身份,出于礼貌,就赶忙过来给他安座。

此时店里座无虚席,四处都坐满了,她左看右看都没有空座位,只有孔二小姐对面的座位是空的。于是就说:"先生,请这里坐。"把这位客人请到孔二小姐对面坐下,然后放下咖啡,谁知这个客人刚坐下就一把揽住学生妹儿的腰,拿出一沓钞票,粗俗地求她赏光一起喝杯咖啡,这突如其来的变化着实把女招待吓得不轻,她对客人动手动脚的示爱方式十分反感,当即大声喊他放开,同时,向孔二小姐投来求救的目光……

对于大庭广众之下纠缠女孩的男人,孔二小姐向来看不起,以她桀骜不驯的性格岂能容忍。只听见一声大骂:"哪来的杂皮?住手!",只见一道身影一闪,"啪啪"两记耳光,重重地打在对方脸上,打得"洋行老板"两眼冒金星,丈二和尚摸不着头脑,接着听见"咔嚓"一声,一招分筋错骨擒拿手就扭断了"洋行老板"的手腕。这是孔二小姐不爱红装爱武装,尚武多年的习惯性招数,把在场看客一个个看得目瞪口呆。

说时迟,那时快,混在看客中的卫兵队长,不容对方反抗,一个箭步上前按住"洋行老板"另一只手,另一只胳膊化作肘拳狠击在对方的下巴上,"洋行老板"马上应声倒地,脚上的皮鞋被打得蹬掉了一只。然后队长向孔二小姐报告道:"二小姐,人犯已经拿下,听候您的发落。"这个"洋行老板"一听,吓得浑身发抖,但马上镇静下来,抱住受伤手腕,连声说:"孔小姐,对不起,小人不该在你面前放肆。"说完,提起鞋子就想溜。

谁知孔二小姐心细如发,发现这人走路翘着脚后跟,大脚趾和二脚趾之间呈八字形,看得出这是从小穿二齿木屐形成的脚趾畸形,当即断定这是个日本人。"想溜,没那么撇脱(容易)。"只见她把手指放在口里一吹,门口便整整齐齐地站满了宪兵,一个个荷枪实弹,胸口上挂着卡宾枪,子弹早已上膛。

孔二小姐嘴巴一歪,示意宪兵队长搜身,当场发现"洋行老板"臂膀上的黑龙会文身,又从裤腰夹层搜出一张重庆城防军事图,上面标注了校长官邸、林森别墅、孔家公馆的坐标位置,还有一把手枪,一串密电码,哇!原来真是黑龙会派到重庆刺探情报,专为日本空军轰炸重庆发信号的日本特务。

"拉回去连夜突审,一定要查出敌特发报联络的密码……"

随着孔二小姐一声令下,黑龙会特务被带上手铐,抓上吉普车,扬长而去。这一幕把咖啡店中的主顾都看呆了,直到宪兵队的汽车开走了好一阵,方才回过神来。一连好几天到咖啡店的顾客,都在谈论孔二小姐抱打不平,生擒日本特务的话题。

没隔几天,报上登出一条"孔二小姐抱打不平生擒倭寇"的号外。这下,陪都女侠孔二小姐在南泉半边街打出了名,人们争相到这里来喝咖啡,不为别的,就是想一睹见义勇为的孔二小姐的女侠风采,咖啡店生意就别提有好火爆了。

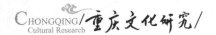

文化资讯

重庆市25个项目入选2017年度国家艺术基金资助项目

日前,2017年度国家艺术基金资助项目评选揭晓,我市共有25个项目入选,共获得资助资金1854万元,资助金额同比增长13%。

本次我市入选获得资助的项目中,大型舞台剧和作品资助项目5个:川剧《江姐》、话剧《其香居茶馆》、杂技剧《禹爱》、民族管弦乐《山水重庆》、跨界融合作品《啼笑因缘》,共计资助979万元;小型舞台剧(节)目和作品资助项目2个:群舞《丽人行》、歌曲《不尽长江滚滚来》,共计资助30万元;传播交流推广资助项目4个:"茁壮生长的力量"当代艺术作品新加坡展览、舞剧《杜甫》巡演、"相遇亚洲"青年艺术视觉展、"重拾营造"传统村落民居营造工艺作品展,共计资助430万元;艺术人才培养资助项目5个:西南地区艺术机构经营管理人才培养、川剧《金子》青年表演人才培养、荣昌夏布艺术创新人才培养、传统古镇特色创新设计人才培养、傣纸艺术创新设计人才培养,共计资助280万元;青年艺术创作人才资助项目9个,共计资助135万元。

自2014年国家艺术基金启动资助工作以来,我市已先后有66个项目获得资助,共计获得资助资金5374万元,为推动我市艺术创作工作发挥了积极作用。

(编辑部陶晓春)

《巴渝文献总目》出版

日前,重庆市"十三五"规划重大文化工程《巴渝文库》丛书的首批重点项目——《巴渝文献总目》日前由重庆出版社出版发行。《巴渝文库》是一套以发掘梳理、编撰出版巴渝文献为主轴,对巴渝历史、巴渝人文、巴渝风物等进行广泛汇通、深入探究和当代解读,以供今人和后人充分了解巴渝文化、准确认知巴渝文化,有利于存史、传篦、资治、扬德、励志、育才的大型丛书。这部由重庆图书馆编纂、重庆出版集团出版的《巴渝文献总目》分"古代卷""民国卷"共7册,收录上溯有文字记载、有文物佐证的先秦时期,下迄1949年9月30日,收录"巴渝人写""为巴渝写""在巴渝写"3个方面的著作及单篇文献,巴渝著作文献6653种,单篇文献30 166条。《巴渝文献总目》首次完成了对巴渝历史文献大规模系统摸底工作,也是我市"十三五"规划重点文化工程《巴渝文库》的第一个硕果。

2011年,重庆图书馆启动了《巴渝文献总目》编纂工作,近20名研究人员分赴全国各地搜集整理资料,历经6年时间完成了总计200余万字的编纂工作。

(编辑部黄剑武)

《重庆市戏曲进校园普及读本》初稿基本完成

由重庆市文化艺术研究院承担的《重庆市戏曲进校园普及读本》项目顺利推进,目前已经基本完成该书的初稿撰写。近日,重庆市文化委员会发函至重庆市教育委员会征求关于《<重庆市戏曲进校园普及读本>编撰方案》修改意见。市教委收悉后,通过认真研究,表示对编撰方案内容无异议,并决定在该书编撰完成后即出版。为了提高该书的撰写质量,我院多次召开专家座谈会,广泛听取了重庆市文化委、重庆市川剧院、重庆市京剧院以及重庆各高校相关领导与专家的意见。全书共分五部分,每部分由一位戏曲资深专家与我院一名撰写人员合作撰写,这种"以老带新"的方式有效地结合了专业性与创新性。目前,各部分已经基本完成初稿撰写,全书的编撰、配图和制作工作正在全面展开。

(艺术研究室吕霖枫)

剧评《警惕戏剧的"僵化倾向"》——评话剧<朝天门>的艺术创作与戏剧审美观入选第二届"啄木鸟杯"中国文艺评论年度优秀作品。

重庆市文化艺术研究院副研究员黄波发表于《中国戏剧》2016年第11期的剧评《警惕戏剧的"僵化倾向"》——评话剧<朝天门>的艺术创作与戏剧审美观入选第二届"啄木鸟杯"中国文艺评论年度优秀作品。中国文联、中国文艺评论家协会将于2017年9月26日在北京举办第二届"啄木鸟杯"中国文艺评论年度推优发布大会,推出年度优秀文艺评论著作10部、年度优秀文艺评论文章30篇。

(艺术研究室蒋长朋)

重庆市戏曲剧种普查工作全面完成

为进一步推动戏曲传承发展,根据《文化部关于开展全国地方戏曲剧种普查工作的通知》精神,我市于2016年1月正式启动了戏曲剧种普查工作,经过历时一年半时间的深入普查,现已全面完成了普查工作任务,相关普查数据已上报全国地方戏曲剧种普查工作办公室。

为抓好普查工作,我市分别组建了市级普查工作机构、区县普查工作机构、市属戏曲表演院团及教育培训单位普查工作机构,以及专家咨询机构,层层落实了工作任务和责任分工,坚持统筹规划、统一标准、统一平台、控制质量的原则,扎实开展了调研、著录、校对、审核、上报等各项工作。

本次普查对象涉及全市38个区县、市文化委5个直属单位,共上传表单数据1080条。其中,戏曲剧种7个,皮影戏、木偶戏剧种3个,包括撤销、改制在内的演出团体85个,获省级一等奖及以上的剧目59个,演出团体新编剧目120个,符合创作、演出、研究人才条件的258人,个人获省级一等奖及以上的439项,教育培训机构2个,创作研究机构2个,制作机构2个。通过普查,全面掌握了我市各戏曲剧种的数量、形成发展历史、艺术特点、分布和流传地区、演出团体、人才状况、演出剧目、生存现状等情况,为进一步做好戏曲文化资源的动态化、科学化管理,更好地促进戏曲艺术的繁荣发展打下了坚实基础。

(编辑部陶晓春)

重庆市举办"国家级代表性传承人抢救性记录工作"专题培训

为切实提高重庆市国家级非遗项目代表性传承人抢救性记录工作质量和效率,重庆市非遗中心在完成面向社会公开招标工作后,于2017年8月28日至8月30日在重庆广场宾馆举办国家级非遗项目代表性传承人抢救性记录工作培训会。来自相关区县文化委分管领导、非遗保护中心负责人、项目保护单位负责人以及中标的执行团队共70余人参加培训。

本次培训特别邀请了国家图书馆副研究馆员、中国记忆项目负责人田苗,四川外国语大学教授郭久麟以及广州文木文化发展有限公司市场总监朱炳帆等到会讲座交流,与会专家分别从传承人抢救性记录工作的工作流程、设备设施规格、记录声像指标、与传承人的沟通、各相关部门的协调等方面做了详实的讲解。同时也对传承人的口述史整理、传承人的传记编写等进行培训。相关负责记录工作的团队也就工作过程中

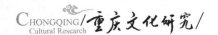
所遇到的问题进行经验交流和案例分析。通过专家的讲解和现场的提问交流,此次培训会使各区县参会人员受益匪浅,这也将会为今后的工作提供技术、理论支持。会后,市非遗中心相关工作人员和负责记录工作的团队在专家的指导下,进行了工作的协调和沟通,以利更好推进记录工作。

(非遗工作部王海涛)

《武陵山区(渝东南)文化生态保护实验区》规划通过专家评审

2017年8月24日,市文化委员会组织市内有关专家对《武陵山区(渝东南)文化生态保护实验区》规划进行评审,获得通过。

评审会由市文化委非遗处处长王发荣主持,市非遗保护中心主任刘德奉就"规划"的编制情况作了说明,然后由市区两级专家进行评审。专家一致认为"规划"文本整体性、学术性、可操作性非常强。有六大特点:突出思维高度,突出文化特性,突出资源整合,突出分类建设,突出上下联动,突出政府引导与市场融合。同时提出了一些修改意见。市文化委副主任钟建波对规划编制给予了充分肯定,同时要求市非遗保护中心认真吸取专家意见,加强和相关区县沟通联系,以高质量、严要求完善规划文本。积极和文化部对接,圆满完成《武陵山区(渝东南)文化生态保护实验区》规划的申报工作。

(非遗工作部王海涛)

《长江三峡(重庆)文化生态保护区》规划文本完成初稿

为了提升我市非遗工作整体效应,按照市政府领导和市文化委员会工作要求,由市非遗中心负责具体实施的《长江三峡(重庆)文化生态保护区》规划文本目前已经完成初稿。

规划分三个阶段,一是收集资料,通过相关区县提供、相关行业采集,整合已有资源,收集了编制范围内经济社会发展状况资料、历史地理状况资料、自然遗产和文化遗产状况资料。二是访问调研,先后分成三个调研组,由市文化委领导带队,相关编写人员参加,分别到编制范围内区县调研交流,梳理重点项目,听取区县意见。三是集中交流。将收集资料、调研情况进行综合汇总,听取编写人员意见建议,对编制重点、区域重点、项目重点、保障重点等进行反复讨论,形成主旨意见。四是分组编写,将编写内容分成三个编写组,分别由中心领导带领,同步进行编撰,编写过程中三次集中进行统稿。目前初稿完成,计6万余字。

(非遗工作部王海涛)

重庆市文化艺术研究院艺术档案征集又有重点收获

近月,我院艺术档案征集又有新的重大收获。一是夏布双面画屏风征集。夏布系我市国家级非遗保护项目,荣昌某公司在夏布上创作国画,其中一件作品为双面国画,并用红木精致装裱。系夏布工艺的高层次衍生产品。具有较强的艺术性和收藏价值。二是阳晓手稿收藏。阳晓系名剧作家,创作有曲艺文稿300余篇,戏剧作品30余部,影视剧作品13部,广播剧1部,以及大量小品、短剧等。此次收藏其手稿400余万字。三是西兰卡普代表作品收藏。此次收藏西兰卡普作品12件,其中最大的一件作品幅面达10余平方米,系西兰卡普巨型作品。

截至目前,我院已征集到的艺术档案包括黑胶唱片、川剧剧本、传统乐器、照片资料、音视频资料、书籍、史料以及重庆传统艺术作品等多种材质、内容的艺术档案4000余件。

(资源信息部杜娜)

重庆市文化艺术研究院举行"剧作家阳晓手稿珍藏"新闻发布会

2017年9月18日下午,"剧作家阳晓手稿珍藏"新闻发布会在重庆市文化艺术研究院顺利举行。发布会由重庆市文化艺术研究院副院长谭小兵主持,重庆市内国家级媒体和市级媒体参加。剧作家阳晓先生及其家属、学生,重庆市的一些著名作家、编剧等参加了发布会。院长刘德奉向阳晓先生颁发了收藏证书,并进行了手稿交接仪式。

作为重庆剧作家群体的领军人物,阳晓先生在舞台艺术创作领域笔耕50余年,创作有曲艺文稿300余篇,戏剧作品30余部,影视剧作品13部,广播剧1部,以及大量小品、短剧、文章等。出版有《阳晓剧作选》,其作品多次荣获国家级和省市级奖项。此次交由重庆市文化艺术研究院珍藏的手稿,主要包括阳晓先生从事戏剧创作以来的所有文稿,共计400余万字,是重庆剧作家中保存资料数量最多、最齐全的文稿真迹,具有独特的艺术价值、广泛的社会价值和极高的收藏价值。

(信息资源部王国彦)

重庆专题研究文化文物创意产品开发试点工作

近日,重庆市文化委副主任、市文物局局长幸军主持召开会议,专题研究文化文物单位文化创意产品开发试点工作。重庆市文化委相关处室、重庆中国三峡博物馆、重庆红岩联线文化发展管理中心、重庆自然博物馆、重庆图书馆、重庆美术馆相关负责人参加会议。

会议传达学习了国务院办公厅转发文化部等部门《关于推动文化文物单位文化创意产品开发若干意见的通知》精神,听取了三峡博物馆、红岩联线文化发展管理中心、重庆自然博物馆、重庆图书馆、重庆美术馆等5家文化文物创意产品开发试点单位工作情况报告,就文化文物创意产品开发试点工作进行了研究部署。

会议要求,要高度重视、狠抓落实。各相关单位要充分认识文化文物创意产品开发试点工作的重要意义,切实把该项工作作为文物工作的重中之重抓紧抓实抓好,确保试点工作顺利进行;要用好政策、坚守底线。要仔细学习研究文创产品开发的相关政策,将现有政策用足用好用活,同时要牢固树立底线意识,勇于开拓创新;要细化方案、推进工作。各试点单位要尽快完善文化文物创意产品开发试点工作方案,确保方案更具指导性、针对性和可操作性;要主动作为、加强配合。各试点单位要加强与市级相关部门、单位的沟通协调,尽快完成手续报批、资质审查、产品开发等工作。

(编辑部陶晓春)

文化部"群众文化指导员"职业评价体系课题完成期中项目验收

为认真做好文化部文化艺术人才中心委托课题:文化艺术人才职业社会化评价体系建设(职业:"群众文化指导员")职业标准制定工作,2017年8月29日国家文化部文化艺术人才中心相关领导赴渝进行课题完成情况期中项目验收,我院领导会同课题组成员就项目开展情况和项目进度作汇报,目前已经完成职业标准、评价规范、教学教材近10万字的文稿。与会领导对期中项目完成情况给予了充分肯定,并对下步工作提出了要求。"群众文化指导员"职业评价体系,积极探索新形式下群众文化指导员工作规律,提升群众文化指导员工作能力和业务素质,进一步加强群众文化工作队伍建设,将为广大人民群众带来更丰富的群众文化生活。

(鉴定培训部刘妤)